教科調査官が語る
これからの授業 ⦅小学校⦆

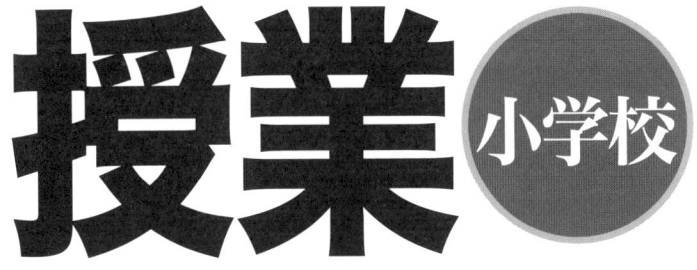

言語活動を生かし
「思考力・判断力・表現力」を
育む授業とは

〈編著〉
水戸部修治（国語）
澤井　陽介（社会）
笠井　健一（算数）
村山　哲哉（理科）
直山木綿子（外国語活動）
杉田　洋（特別活動）

図書文化

まえがき

　　　　本書のねらい〜教科調査官からの思いを伝える〜

　文部科学省から，評価の基本的な方向が示されました。目標に準拠した評価，観点別評価，生きる力は変わらない，等々がいわれました。それを受けて，国立教育政策研究所が2種類の資料を作りました。それが，
『評価規準の作成のための参考資料』
『評価規準の作成，評価方法等の工夫改善のための参考資料』
です。
　これらの資料をさらに現場に即して使いやすくするために，実際のモデル授業を掲載してわかりやすく解説しました。「求める授業」というものを先におき，そのためには学習指導がどうあればいいか，その事例を述べています。
　今回，評価の観点の考え方が，
「技能・表現」→「技能」
「思考・判断」→「思考・判断・表現」
となりました。それまでの「技能・表現」の「表現」が「思考・判断」と一緒になって，「技能」を別に捉えようとするものです。言語活動を中心とした思考力・判断力・表現力を中核におく学力をめざすことになったわけです。そこにどんな授業を求めるか，という視点でまとめています。
　各教科調査官は，国立教育政策研究所からの2つの資料，各学校への通知，それで全部が現場に伝わっているとは思っていません。ですから各地の講演会や授業研究会等で，何とか伝えたいという思いがあります。でも，すべてを回りきることはできないし，言い尽くすこともなかなかできません。また，講演等で説明したものは流れて消えてしまいます。そのため何らかの形できちんと伝えたいという思いがありました。
　それらの思いを正面から受け止めて，この本は作られました。国語，社会，算数，理科，外国語活動，特別活動について，教科調査官の求める授業と評価，およびモデル授業を掲載しています。ぜひ参考にしてもらえればと思います。

　　　　　　　　　　　　　　　杉田　洋（文部科学省初等中等教育局教育課程課教科調査官）

教科調査官が語る これからの授業〔小学校〕
―言語活動を生かし「思考力・判断力・表現力」を育む授業とは―

まえがき　　文部科学省初等中等教育局教育課程課教科調査官　杉田洋

第1章 国語

教科調査官が求める授業 …………………………………… 6
水戸部修治

モデル授業Ⅰ　第2学年　同じ作者の絵本を紹介する「絵本の家」
　　　　　　　　　　　　単元を貫く魅力的な言語活動の開発　加藤由香

モデル授業Ⅱ　第3学年　ポップって楽しい！自分の本を選んでみんなに紹介しよう！
　　　　　　　　　　　　主体的な読書活動を位置づけた指導の工夫　高橋亮子

モデル授業Ⅲ　第5学年　物語のよさを伝えたい！そうだ。解説文を書こう。
　　　　　　　　　　　　事物のよさを伝えるための文章を書く言語活動　瀧川文子

第2章 社会

教科調査官が求める授業 …………………………………… 36
澤井陽介

モデル授業Ⅰ　第3学年　火事からくらしを守る　　言語活動の充実と授業づくり　平川公明

モデル授業Ⅱ　第4学年　わたしたちの北海道を開いた人々
　　　　　　　　　　　　考える力を育てる教材と授業づくり　牧野宜英

モデル授業Ⅲ　第6学年　復興へ動く国・県・市　確かな評価と授業づくり　坂田大輔

第3章 算数

教科調査官が求める授業 …………………………………… 66
笠井健一

モデル授業Ⅰ　第1学年　ふえたりへったり
　　　　　　　　　　　　人とのかかわりを通して，思考力・表現力を育てる算数学習　中村敦子

モデル授業Ⅱ　第5学年　小数でわる計算　少人数じっくりコース
　　　　　　　　　　　　友達の考えの相違点や共通点から学ぶ　鈴木京子

モデル授業Ⅲ　第6学年　並べ方と組み合わせ方
　　　　　　　　　　　　場合の数における調べる活動を重視する授業　椎名美穂子

第4章 理科

教科調査官が求める授業 …… 96
村山哲哉

- **モデル授業Ⅰ** 第4学年　月と星
  ［B区分「生命・地球」／「科学的な思考・表現」の指導と評価］　杉野さち子
- **モデル授業Ⅱ** 第5学年　物の溶け方
  ［A区分「物質・エネルギー」／「科学的な思考・表現」の指導と評価］　牧野理恵
- **モデル授業Ⅲ** 第6学年　人の体のつくりと働き
  ［B区分「生命・地球」／「科学的な思考・表現」の指導と評価］　成田恵

第5章 外国語活動

教科調査官が求める授業 …… 126
直山木綿子

- **モデル授業Ⅰ** 第5学年　5年生の総仕上げ！知っている言葉を使ってクイズ大会をしよう！
  Lesson 7　What's this？　クイズ大会をしよう　堀川桂子
- **モデル授業Ⅱ** 第6学年　気持ちのよいやりとりを体感させよう
  Lesson 4　Turn right．道案内をしよう　平良優
- **モデル授業Ⅲ** 第6学年　学級担任がイニシアティブをとりALTとのTTで進める外国語活動
  Lesson 8　What do you want to be？「夢宣言」をしよう　平松理恵

第6章 特別活動

教科調査官が求める授業 …… 156
杉田洋

- **モデル授業Ⅰ** 第4・6学年　補助簿を活用した指導と評価
  「スポーツ集会をしよう」「兄弟学級の1年生との交流会をしよう」　安部恭子
- **モデル授業Ⅱ** 第5・3学年　チェックシートを活用した「個人の評価」と「集団の評価」
  「5年生をしめくくる『レッツ6年生！活動』の内容を決めよう」「学級ミニ遊び集会をしよう」　井田敦
- **モデル授業Ⅲ** 第4学年　児童の活動記録を参考にして行う評価
  「地震から身を守る」「避難訓練」　橋谷由紀

国語
教科調査官が求める授業

水戸部修治
文部科学省初等中等教育局教育課程課教科調査官

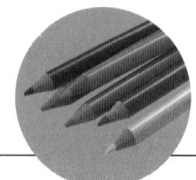

実生活で生きて働く力の育成と，
単元を貫く言語活動の位置づけによる授業改善。

1 実生活で生きて働く力の育成

●国語科が抱える課題

　学習指導要領の改訂にあたり，国語科は大きな課題を解決する道を模索していました。その一つの成果として，直近のPISA調査2009年（OECD生徒の学習到達度調査）では，日本の「読解力」が世界第8位に回復を果たしたことがあげられます。というのも，2000年は8位だったものが，2003年，2006年は10位以下に転落し，国内の「学力低下論争」とともに，日本の子どもたちの読解力に対する危機感が募っていたのです。読解力以外の数学的リテラシーや科学的リテラシーは10位を下回ることはありませんでした。

　読解力が回復に至るには，さまざまな働きかけがありました。まず，PISA2003を受けて策定した「読解力向上プログラム」（平成17年12月文部科学省）にあるように，「書かれたことを，ただうのみにする」読解力ではなく，「書かれたことについて，自分はどう考えるのか」を強調してきた面があります。もう1つは，各都道府県や市町村で策定した読書活動推進計画などに基づく読書活動の取り組みが大きく普及してきたことがあると思います。

　もちろん課題も残ります。特に自分の経験などと結び付けながら自分はどういうふうに考えるのかというところについては，改善の余地があること，下位層が比較的多いということです。新しい学習指導要領では，これらをカバーすることにもなる改善をめざしています。

●実生活に生きるような能力を育成するという観点からの授業改善

新しい学習指導要領における国語科の改訂の要点は以下のようなものです（下線著者）。

> 小学校，中学校及び高等学校を通じて，言語の教育としての立場を一層重視し，国語に対する関心を高め，国語を尊重する態度を育てるとともに，<u>実生活で生きて働き，各教科等の学習の基本ともなる国語の能力を身に付けること</u>，我が国の言語文化を享受し継承・発展させる態度を育てることに重点を置いて内容の改善を図る。
>
> （中央教育審議会答申「国語科の改善の基本方針」平成20年1月）

この中でもまず確認したいのは，「実生活で生きて働き，各教科等の学習の基本ともなる国語の能力を身に付けること」です。こういう国語の能力を明確に描いて授業を展開し，それらを指導し評価することが重要だと考えています。「読むこと」を例に説明します。

多くの場合，文学的な文章を教材とする「読むこと」の授業のイメージは，「最初に全文を読んで，意味調べをしたりしながら感想を書いたりして → 次に場面ごとに読み取って → 最後にまとめて終わり」と思われているかもしれません。

でも，小学校で身につけさせたい国語の能力は，45分間の中に閉じた能力，つまり，「与えられた文章を与えられたとおりに答えを見つけて読む」というだけでは足りないのです。

例えば，私たちがふつう，電車に乗って文庫本を読んでいるときに，「今日は○○の場面の登場人物の気持ちを正確に読み取ろうかな」と思って読む人はいないでしょう。

2年生に「お手紙」という「かえるくん」と「がまくん」が出てくるお話があります。ふつうはそれを場面ごとに読み取ります。でもこれはシリーズ作品なので，シリーズで読んでいたほうがずっとその場面を読めるのです。ある授業の中で，その教科書教材の場面の様子を読んでいるのですが，子どもが「僕が別のシリーズで読んだ『がまくん』は……」などのように発言をしていました。そういう読みが本当は求められるのです。

すなわち，書かれている情報を正確に取り出すだけではなく，『自分はどう解釈して，どう評価していくのか』が重要になります。前述のPISAで求めるのは社会生活に生きる読解力であり，小学校の国語科で求めるのは，日常生活に生きる国語の能力です。これらは当然つながるものです。そうしたときに，実生活で生きて働くような能力を育成するという観点から，授業を改善していく必要があるのです。

●実生活で生きて働く力とは

では「実生活で生きて働く」とは，どのようなことなのでしょうか。

これまで多くの授業では，教師がいきなり「さあ今日から『ごんぎつね』を読むよ」のように言ってきました。しかし，子どもたちが日常で本を読むときはどうでしょう。例えば，

図書室に行って本を探すときは，本や題名に着目したり，好きな本を見つけたりして，「僕，これ読もうかな」「こんな情報を得たいな」と目的をもって読むはずです。

　これは実際に，『学習指導要領解説　国語編』（以下『解説』）にも書き込まれています。「C読むこと」の指導事項をまとめた右の表のいちばん下の欄は「目的に応じた読書に関する指導事項」（❶）という項目が設定されています。そもそも読む能力は「今日は3の場面をしっかり読むよ」と，与えられて読むような能力ではなくて，この項目の第3学年及び第4学年の欄にあるように，「目的に応じて，いろいろな本や文章を選ぶ」（❷）ような力をも含むものです。自分で本や文章を選べなければ，社会科で調べ学習などできないからです。「はい，さあ，これを読みましょう」と与えられるだけでは，実生活には生かせないのです。

● 自分にとっての「大事な言葉や文」に着目して読む

　同じ文章を読んでも，文章のどこが大事なのかは実は読み手によっても違います。右の表で「自分の考えの形成及び交流に関する指導事項」の第1学年及び第2学年に「文章の中の大事な言葉や文」（❸）とあります。「僕はこういう情報が欲しいな」という子どもと，「僕は筆者が何を言っているのか正確に読みたいんだ」という子どもでは，この大事な言葉や文のとらえ方も違ってくるのです。

　というのも，「文章の中の大事な言葉には2つの側面がある」と『解説』で書いています。1つは，書き手が伝えたい大事なことです。ふつう私たちはこれをイメージします。でももう1つは，読み手である自分が着目したい大事なことです。実生活で私たちが文章を読むときには，「書き手は何を伝えたいのかな」とだけ考えるのではなくて，「自分にとって必要な情報は何なのか」を考えて読むわけです。そういう読む能力を低学年のうちから，繰り返し発達の段階に応じて育成したいのです。

　同じく，「自分の考えの形成及び交流に関する指導事項」の第1学年及び第2学年に「文章の内容と自分の経験とを結び付けて，自分の思いや考えをまとめ，発表し合うこと」（❹）があります。これも同じように「自分はどう読むのか」という意味があります。

　私たちが小説を読むときには，自分の思考や感情や経験を一切排して正確に読み取ることはありません。「自分だったらどうするかな」とドキドキしたり，「自分にもこういう経験があったなあ」と共感的に読んだりするなど，それが実は読みの本質だということです。

　解釈の指導の場合も同様です。「説明的な文章の解釈に関する指導事項」の第3学年及び第4学年には，「中心となる語や文をとらえて段落相互の関係や事実と意見との関係を考え」（❺），つまり，文章構造をきっちり考えて内容を読む必要があることが示されています。しかし，そこに「目的に応じて」と冠しています。その下のエの「引用したり要約したりすること」（❻）にも，「目的や必要に応じて」と示しています。

　このように，前述のPISAでも求められていたような，「自分はどう読むのか」というこ

■各学年における「C 読むこと」の指導事項　『小学校学習指導要領解説　国語編』平成20年

	第1学年及び第2学年	第3学年及び第4学年	第5学年及び第6学年
音読に関する指導事項	ア　語のまとまりや言葉の響きなどに気を付けて音読すること。	ア　内容の中心や場面の様子がよく分かるように音読すること。	ア　自分の思いや考えが伝わるように音読や朗読をすること。
効果的な読みに関する指導事項			イ　目的に応じて，本や文章を比べて読むなど効果的な読み方を工夫すること。
説明的な文章の解釈に関する指導事項	イ　時間的な順序や事柄の順序などを考えながら内容の大体を読むこと。	イ　<u>目的に応じて</u>中心となる語や文をとらえて段落相互の関係や事実と意見との関係を考え，文章を読むこと。❺	ウ　目的に応じて，文章の内容を的確に押さえて要旨をとらえたり，事実と感想，意見などとの関係を押さえ，自分の考えを明確にしながら読んだりすること。
文学的な文章の解釈に関する指導事項	ウ　場面の様子について，登場人物の行動を中心に想像を広げながら読むこと。	ウ　場面の移り変わりに注意しながら，登場人物の性格や気持ちの変化，情景などについて，叙述を基に想像して読むこと。	エ　登場人物の相互関係や心情，場面についての描写をとらえ，優れた叙述について自分の考えをまとめること。
自分の考えの形成及び交流に関する指導事項	エ　文章の中の<u>大事な言葉や文</u>を書き抜くこと。❸	エ　<u>目的や必要に応じて</u>，文章の要点や細かい点に注意しながら読み，文章などを引用したり要約したりすること。❻	
	オ　文章の内容と自分の経験とを結び付けて，自分の思いや考えをまとめ，発表し合うこと。❹	オ　文章を読んで考えたことを発表し合い，一人一人の感じ方について違いのあることに気付くこと。	オ　本や文章を読んで考えたことを発表し合い，自分の考えを広げたり深めたりすること。
目的に応じた読書に関する指導事項❶	カ　楽しんだり知識を得たりするために，本や文章を選んで読むこと。	カ　目的に応じて，いろいろな本や文章を選んで読むこと。❷	カ　目的に応じて，複数の本や文章などを選んで比べて読むこと。

※❶…❻と下線は著者が加筆

とが，実は『解説』の指導事項にも明確に位置づいているのです。

●すべての領域で実生活で生きて働く力を育てる

　私たちは「自分はこういう情報が欲しい」「この書き手が言っていることがすごく気になっているから，どうしても知りたい」という思いがあったときに，精度の高い主体的な読みを

します。つまり子どもたちに育てたい読む能力とは，与えられた文章を与えられたとおりに平板に読むのではなくて，目的に応じて本や文章を選んで読み，目的に応じて中心となる語や文をとらえたり，そして自分の考えを形成していったり，他の読者と交流していったりするような，実生活にも生きるような幅のある読む能力なのです。

「読むこと」を例に，実生活で生きて働く力を育てるイメージを述べましたが，ほかの領域でも同じことがいえます。聞くことに関する指導事項では，目的に応じて相手の話を聞くとともに，自分とかかわらせて聞く能力の育成が重視されています。

書くことに関する指導事項では，目的に応じて書くとともに，自分の考えを明確にして書く能力の育成が重視されているのです。例えば作文で子どもたちがまず直面するのは，何を書けばいいかわからない，どう書けばいいかわからないということです。なぜなら作文という言葉は抽象度の高い言い方なので，それだけでは相手や目的や必要性が規定できません。「昨日あった行事の作文を書こう」ということでは，それをなぜ書くのか，誰に向けて書くのかが規定できないのです。調査報告文なら，自分が調べたことが筋道が通るように書いて相手に伝わるようにする，依頼状や礼状の場合なら……というように，文章の種類を定めるほど，子どもたちは主体的に考えて，自分の言葉を紡いでいけるようになるのです。

❷ 単元を貫く言語活動を位置づけた授業改善

● 今回の評価規準は国語科の授業改善の切り札

「実生活で生きて働く力」を育むために，授業づくりで最も重要になるのが，言語活動を，単元全体を通して一貫するものとして位置づけること，つまり単元を貫く言語活動を位置づけた授業づくりです。

国語科では，例えば表「B 書くこと」（11頁上）第1学年及び第2学年には，指導事項がアからオまであり，言語活動がアからオまであります（大まかには，一つの言語活動の中でアからオの中の指導事項がいくつか含まれることになります。ただし単純に 5 × 5 ＝25かというと，そうでもありません）。ただし全部網羅的に取り組むのではなく，指導事項を確実に指導するために，当該単元で取り上げる指導事項を年間を見通して選び，その能力を指導するのに最適の言語活動を，単元を貫いて位置づけるのです。

そのために学習評価の改善のための参考となる資料を大きく改善しました。学習過程がイメージできるように「評価規準の設定例」を配列しました。これが具体的に授業改善の切り札になると思っています。

例えば「書くこと」の授業では，これまでは教師が「書きたいことを決めましょう」と言えば，子どもたちは「ええーっ，決まらないよ」との声が上がり，すると「何でもいいから思いついたことを書いてみて」と教師が指導をする教室の一コマがよく見られたと思います。

■【指導事項と言語活動】　内容「B 書くこと」　第1学年及び第2学年

指導事項	言語活動
ア　経験したことや想像したことなどから書くことを決め，書こうとする題材に必要な事柄を集めること。 イ　自分の考えが明確になるように，事柄の順序に沿って簡単な構成を考えること。 ウ　語と語や文と文との続き方に注意しながら，つながりのある文や文章を書くこと。 エ　文章を読み返す習慣を付けるとともに，間違いなどに気付き，正すこと。 オ　書いたものを読み合い，よいところを見つけて感想を伝え合うこと。	ア　想像したことなどを文章に書くこと。 イ　経験したことを報告する文章や観察したことを記録する文章などを書くこと。 ウ　身近な事物を簡単に説明する文章などを書くこと。 エ　紹介したいことをメモにまとめたり，文章に書いたりすること。 オ　伝えたいことを簡単な手紙に書くこと。

　学習過程を明確化することによって，このような場面で，「学級や学校，家庭や地域で経験したことの中から書きたいことを選んでみようよ」という問いかけをできるようにしようということです。まず国語科の評価のあり方について，その全体像から説明をします。

●指導を充実するために，大枠では，前回同様の5観点を踏襲している

　評価規準のもととなる観点は，今回の改訂では国語科は変わりませんでした。ややもすると多くの先生方は「あまり新しいものがない，今のままでいい」といった認識があることでしょう。実は国語科では，評価の大枠を維持することを通して，指導に生きる評価をいっそう推進していくという考え方から，従来の5観点を維持しているのです。

　国語科の評価の観点は，「国語への関心・意欲・態度」「話す・聞く能力」「書く能力」「読む能力」「言語についての知識・理解・技能」からなります。これは，読むことの指導事項

■【領域と5観点】

国語科の領域	国語科の5観点
A　話すこと・聞くこと B　書くこと C　読むこと 伝統的な言語文化と国語の特質に関する事項	国語への関心・意欲・態度 話す・聞く能力 書く能力 読む能力 言語についての知識・理解・技能

で指導すれば，読む能力の観点で評価するというふうに，1つの指導事項が1つの評価の観点の中にすっぽりと入ってしまうという性格のものです。

いっぽう，例えば社会科は「社会的事象への関心・意欲・態度」「社会的な思考・判断・表現」「観察・資料活用の技能」「社会的事象についての知識・理解」の4観点で，1つの指導事項を分析的に割っています。1つの指導事項を4観点に分析的に評価するのです。

しかし国語科は，同じ指導事項を1年間に何回も繰り返して取り上げます。よってその指導事項を1つの観点内で具体化して，実際に使える単元の評価規準をつくります。

このときに，さまざまな配慮点があり，それらを指導に生きる具体的な評価規準にしていくには，とても複雑な手続きを必要とします。そこで，今回はあえて大枠を踏襲することによって，指導に生きる評価をさらに精度を高めていこうと考えています。

●「何の言語活動を通して指導するか」と関連させて評価する

国語科は1つの指導事項，言い換えれば評価規準を年間何回も繰り返します。なぜなら国語科の指導事項が内容ではなくて，むしろ能力を明確に打ち出しているからです。1つの能力をさまざまな言語活動を通して育てるわけです。

例えば「書くこと」の場合，書く能力を，「課題設定や取材」，「構成」，「記述」，「推敲」そして書いたものを「交流」するというように分割して指導事項を配置しています。

《学習指導要領　3・4年生　B書くこと　(1)指導事項》

ア　関心のあることなどから書くことを決め，相手や目的に応じて，書く上で必要な事柄を調べること。〈課題設定や取材〉

イ　文章全体における段落の役割を理解し，自分の考えが明確になるように，段落相互の関係などに注意して文章を構成すること。〈構成〉

　　　→言語活動ウ：リポートのような調査報告文，言語活動エ：礼状や依頼状

ウ　書こうとすることの中心を明確にし，目的や必要に応じて理由や事例を挙げて書くこと。〈記述〉

エ　文章の敬体と常体との違いに注意しながら書くこと。〈記述〉

オ　文章の間違いを正したり，よりよい表現に書き直したりすること。〈推敲〉

カ　書いたものを発表し合い，書き手の考えの明確さなどについて意見を述べ合うこと。〈交流〉

この中のイの指導事項には，「文章全体における段落の役割を理解し，自分の考えが明確になるように，段落相互の関係などに注意して文章を構成すること」とあります。ところが，この文章の構成は，例えばリポートのような調査報告文を構成する場合と，礼状や依頼状な

どの文章を構成する場合とでは，まるっきり違います。構成する能力の指導・評価は，実はどういう言語活動を通して指導するのかというコンビネーションで考えないと具体的に指導し評価するターゲットが不明確だということになります。

そうすると１つの指導事項を１年間に何回も繰り返すのは，例えば，礼状だけではなく，さまざまな文章を体験しながら繰り返し，文章を構成する能力を指導し，評価するために，年間１つの指導事項を何度か繰り返すことが必要なのです。

● 指導事項と言語活動等を掛け算するようにして，評価規準を設定していく

このように１つの評価規準を年間何回か使うのですが，同じ評価規準では抽象度が高い評価規準になってしまいます。ほかの教科が１つの指導事項をもとに４つの評価規準に分割しているのと同じように，国語科は１つの指導事項を年間何回もに分節して立てていくのです。そのときに必要なのが，「書くこと」でいうと文章の種類です。

学習指導要領の国語科は，『指導事項』と『言語活動例』を示しているので，指導事項と言語活動等を掛け算するようにして，評価規準を設定していく必要があります。そこが複雑なので，大枠を踏襲して，先生方に評価規準設定の精度を高めていただきたいと願っているのです。国語科は１つの指導事項を４観点に分割して評価規準を設定するのではなく，何度も繰り返して，しかも一つ一つの評価規準を変えていくので，かなり複雑な手順が実は必要なのです。

● 「言語活動を通して指導事項を指導する」ことを評価規準の設定例に具体化した

そうなってくると，非常に繊細な評価規準が必要となります。そのプロセスを国立教育政策研究所の「評価規準の設定例」で示したのが最大の工夫点です。

単元を貫く言語活動を位置づけた授業の改善は，「評価規準の設定例」を読み込むことで進めます。

「言語活動を通して指導事項を指導する」と国語科の学習指導要領に書いてあります。それをそのまま評価規準の設定例に具体化したのが最大の特徴です。端的な例を示します。次ページの表【「Ｂ書くこと」の評価規準の設定例】で，「ア　想像したことなど文章に書く言語活動を通した指導」（❼）という項目があります。これは言語活動の例として示しているアの活動例です。簡単にいうと創作文です。想像を膨らませて物語を書いていく言語活動です。その下に，そのための評価規準の例を示しています。

その次は言語活動例の「イ　経験したことを報告する文章や観察したことを記録する文章などを書く言語活動」を通した指導（❽）となっています。このように言語活動ごとにまとめて，評価規準の設定例を例示したことが大きな特色です。

■第１学年及び第２学年 【「Ｂ 書くこと」の評価規準の設定例】

国語への関心・意欲・態度	書く能力	言語についての知識・理解・技能
ア「想像したことなどを文章に書く言語活動」を通した指導 ❼		
・想像したことを基にして，物語を書いたり，書き換えたり，続きを書いたりしようとしている。 （言語活動）	・想像したことを手掛かりにして，場面や登場人物を決めている。（ア） ・絵を見て，想像を膨らませながら，事柄の順序に沿って話の筋を考えている。（イ） ・場面の様子がよく分かるように人物の行動や会話のつながりを考えて書いている。（ウ） ・自分や友達が書いた物語のおもしろいところを見付けながら読んでいる。（オ） ・友達が書いた物語を読んで，一番おもしろかったところを伝えている。（オ）	・会話文に用いるなど，かぎ（「」）の使い方を理解し，自分が書く文章の中で使っている。（イ(オ)） ・平仮名や片仮名を正しく書いている。（ウ(ア)） ・擬声語，外国の地名や人名，外来語など，片仮名で書く語の種類を理解し，文や文章の中で使っている。（ウ(ア)）
イ「経験したことを報告する文章❾や観察したことを記録する文章❿などを書く言語活動」を通した指導 ❽		
・発見したことや不思議に思ったことなどを知らせたいという思いを膨らませ，経験したことを報告する文章を書こうとしている。 ・書いた文章を読んでもらうことで，書くことのよさを実感し，さらによりよく書こうとしている。 （経験したことを報告する文章について）	・学級や学校，家庭や地域などで経験したことの中から，報告したい事柄を選び，報告する相手を決めている。（ア）⓬ ・経験したことを書くために必要な事柄を，時間の経過や経験した内容，その時感じたことなどに注意して思い出している。（ア）⓭ ・<u>どんな経験について報告するのか，経験の内容はどのようなものだったか，その経験を通してどんなことを感じたり考えたりしたかなど</u>，文章の構成を考えている。（イ）⓮ ・経験したことが伝わるように，順序を表す言葉や，集めた材料と材料とをつなぐ言葉や文を用いて，報告する文章を書いている。（ウ）⓯ ・書いた文章を読み合い，書き手が報告したいことがよく伝わってくる文を見付けたり，その文を基にして読んだ感想を伝えたりしている。（オ）	・言葉には，自分が経験したことを表現したり伝えたりする働きがあることに気付いて文章を書いている。（イ(ア)） ・第１学年に配当されている漢字を漸次書き，文や文章の中で使っている。（第１学年）（ウ(イ)） ・第１学年に配当されている漢字。

・観察したことやその時に感じたことを記録することのよさを味わいながら，正確に記録しようとしている。 観察したことを記録する文章について	❶（1行空き） ・観察したことの中から発見したことや印象に残ったことを見付けている。（ア） ・観察して分かったことや感じたことなどを，その場で短い文や箇条書きでメモしている。（ア） ・記録するために集めた事柄を，観察した時間の経過や観察した対象のまとまりに即して並べている。（イ） ・観察対象，観察内容の記録，観察して感じたことなど，記録文の構成を考えている。（イ）	・のばす音（長音），ねじれる音（拗音），つまる音（促音）はねる音（撥音）の表記ができ，文の中で使っている。（イ㈡） ・助詞の「は」，「へ」及び「を」を文の中で正しく使っている。（イ㈡）

「評価規準の作成，評価方法等の工夫改善のための参考資料（小学校国語）」国立教育政策研究所教育課程研究センターより

●「評価規準に盛り込むべき事項」を詳しく見る

例えば，イの言語活動例は実は2つの文種が組み込まれています。1つは経験したことを報告する文章（❾），もう1つは観察したことを記録する文章（❿）。つまり，経験報告文と観察記録文です。この2種はそれぞれ，課題設定，材料集め，構成，記述の仕方が違います。

この下の設定例は，左の列が「国語への関心・意欲・態度」，真ん中の列が「書く能力」，そして右の列が「言語についての知識・理解・技能」。実はこの3つで，ほかの教科の4観点が全部そろっている構造になっています。ここに1行空いて（❶），上のほうが「経験したことを報告する文章」を単元構想した場合の評価規準の設定例，下のほうは観察記録文になっています。

●評価規準で授業構想のイメージを打ち出した

例えば「書くこと」の「最近学校で経験したことを，身近な人に伝えよう」という単元の授業では，どんな評価規準が設定できるかということを幅広く例示しています。括弧書きの記号は指導事項の記号です。例えば（ア）は「課題設定や取材」に関する指導です。

（ア）課題設定や取材では，細かくいうと実は，「僕は何を書こうかな」という課題設定の部分と，書くことが決まったといったら「そのためにどんな材料を集めて書くかな」という取材の部分と2つに分けることができます。

それを具体的に例示するために，アが2つあります。最初のア（⓬）が課題設定，2つ目のアが取材です（⓭）。授業を構想するときのイメージが，これで明確に打ち出せるような書きぶりを工夫しています。

● 「イ　構成」でも授業構想を具体的に例示

　（イ）は「文章の構成」です（⓮）。ただ単に「構成を考えている」と言わずに，どんな経験について報告するのかを明確にしています。

　経験報告文の場合は，いきなり「まず初めに」とは書かないで，例えば「おととい，家族みんなで，このようなところに行って，こんなことをしました」と最初に説明をして，それに続けて順序よく書き進めていきます。つまり，文章の冒頭には「どんな経験について報告するのか」，中の部分には「経験の内容はどのようなものだったか」，そして文章の終わりの部分には「その経験を通してどんなことを感じたり考えたりしたかなど経験したことやそのときに感じたこと」などが伝わるように，文章の内容を構成しているというように，とても具体的に例示しています。

　（ウ）は記述（⓯），いよいよ書くという段階です。指導事項（エ）は推敲ですが，ここでは例示していません。推敲は入れてもよいのですが，全部に均等に例示しているわけではありません。（オ）は交流に関する指導事項で，書いたものを読み合います。

● 年間の見通し，子どもたちの実態，学年，教材の特性などで指導事項を重点化・具体化

　ところで補足的な説明ですが，1つの単元の評価規準を立てるときに，（ア）（イ）（ウ）（エ）（オ）という5つのうち，これらを全部立てる必要はありません。年間を見通して，当該の単元で重点的に取り上げる指導事項を，例えばこの単元の「書くこと」の学習の中では（ア）と（オ）を取り上げるなどと決めていくのです。それに該当するものを取り上げるというところまで例示しています。

　ただしこの設定例は，2学年のまとまりで作っているので，1年生の経験報告と，2年生の経験報告では異なります。

　また，目の前の子どもたちが今まで受けた指導により今回はどこにターゲットを置くのかによっても違います。ここまで丁寧に例示していても，実際に評価規準を作成する場合にはそれを学年の発達段階や具体的な教材の特性などを勘案して，さらに具体化する必要があるのです。

❸　他者との交流

● 交流に関する指導事項を生かす

　言語活動の充実と関連して，もう1つ私が重視したいことを加えて紹介します。

　言語活動では心も育てるという主旨のことを中教審では言っています。心を育てるには，他者とのかかわりは欠かせません。国語科としては，交流に関する指導事項を各領域に明確に位置づけた点が非常に大きな部分です。

「交流に関する指導事項」と明示しているのは「書くこと」ですが，「読むこと」では「自分の考えの形成及び交流」として，「話すこと・聞くこと」は「話し合うことに関する指導事項」のいずれも交流をかなり重視しています。

　なぜなら言語が持つ本質的な特徴として，知的活動の基盤であると同時に感性や情緒の基盤でもあるということが1つ。もう1つは，自分の考えを形成していくときに，独りよがりのものではなくて，友達と交流することによってそれがより明確なものになっていくということが理由です。

　例えば1つの文章を読んで，思いもよらない解釈を友達がしている場合があります。それによって，自分の読みがいっそう深まることがあります。例えるなら学術研究の場合でも，自分が深く研究していることを学会発表を行ってさまざまに交流することによって，研究が発展していく。そういうものをとても重視しているということが，まず1つです。そうしたことを指導事項の作りにも，明確に位置づけているのです。

　2つ目は，それをより具体的にするにはということで，まず，例えば文学を読むことの授業でいえば，「この場面のごんの気持ちは」と問うたときに，そこに唯一の正解の解釈があるのならばそもそも交流の必要はありません。先生に「うん，そうだね」と言ってもらえば終わりです。でも，本当に文学に唯一の正解の解釈があるのでしょうか。

　前述したように，自分の体験と重ねて読むという要素もあるのです。例えば，私たちが介護問題について取り上げた小説を読んだとしたら，20代のみずみずしい感性で読んだ場合と，自分の親にさまざまな症状があって介護をしなければならないという体験をもとに読むのとでは，解釈は違うと思うのです。同様に，子どもたちも自分の体験を重ねて読むという部分があります。だから一人一人違うということがとても重要だと考えています。

　ですから評価規準に，例えば「自分の大好き」や「お気に入り」という文言を意図的に入れています。「自分の大好きなこと」が意識できる子は，「となりの○○君はどこが好きなのかな？」と思える子です。そして，なぜ僕はここが大好きなのかなという思いをもって文章を読み返して，精読できる子でもあります。

　そういうことをイメージできるように，ただ指導事項をつなげただけの評価規準ではなくて，指導要領がめざすコンセプトを具体的に，しかも授業の中で子どもの姿が見えるような形で提示したいという願いを込めて，評価規準の設定例を作っているのです。ぜひこれを活用して，授業を高めていただきたいと願っています。

モデル授業Ⅰ

単元を貫く魅力的な言語活動の開発

第2学年　同じ作者の絵本を紹介する「絵本の家」

レオ＝レオニ絵本の家をつくって，お話を紹介しよう

加藤　由香　京都市立錦林小学校

本単元を貫いて位置づける言語活動とその特徴

　低学年の「読むこと」では，「書かれている事柄の順序や場面の様子などに気付いたり，想像を広げたりしながら読む能力を身につけさせるとともに，楽しんで読書しようとする態度を育てること」を目標としている。本単元では，「読むこと」の指導事項「ウ　場面の様子について，登場人物の行動を中心に想像を広げながら読むこと」及び「カ　楽しんだり知識を得たりするために，本や文章を選んで読むこと」の力をつけることを主なねらいとする。

　具体的な読む能力として，次のことが考えられる。

- 読んだお話の中の登場人物はどれかを考えて読むこと（お話の中に登場するものすべてが登場人物として位置づけられるわけではないことを確かめる）
- お話の中の好きな場面，心に残る場面を見つけて読むこと
- お話のあらすじを簡単に表せるように読むこと
- お話の登場人物（主に主人公）にかける言葉を考えて読むこと
- お話の簡単な感想をもちながら読むこと

　そこで，これらの力をつけるために，「読んだ本について，好きなところを紹介する」という言語活動を取り上げ，「絵本の家」を作って紹介する方法をとっている。「絵本の家」とは，家に見立てた台紙に，自分が選んだレオ＝レオニ作の絵本の紹介のカードをはりつけたものである。（「言語活動を促す支援」P.21参照）

　「お気に入りの場面を文と絵で表し，その場面を好きなわけを考える」「挿絵をヒントに短い文であらすじをまとめる」「登場人物の会話や行動に着目する」ことなどを「絵本の家」を作ることで，繰り返し行うことができるようにしている。

　「レオ＝レオニ絵本の家」という形をとることで，教科書教材「スイミー」だけでなく，「スイミー」以外のレオ＝レオニ作品の中から子どもが2作品を選択し，これらの学習を繰り返しできたため，より力を身につけることができることを目指した。

1　単元の指導目標

　自分の好きな場面を選びながら読み，場面の様子について，登場人物の行動を中心に想像を広げながら読むことができる。

2　単元の評価規準

〈国語への関心・意欲・態度〉
・想像を広げて読んだり，自分の経験と結び付けたりしながら読もうとしている。

〈読む能力〉
・お話の大好きなところを紹介するために登場人物の行動を中心に，場面の様子をとらえてあらすじをまとめている（C ウ）。
・好きな物語を読み，紹介したい本や文章を選んでいる。（C カ）

〈言語についての知識・理解・技能〉
・感想を表す言葉にはさまざまなものがあることを知り，感想を書く際に用いている。
（イ(ア)）

3　単元の指導計画

学習過程	学習内容	評価規準（観点・方法）
出会う	① これまでの読書経験をもとに，「レオ＝レオニ絵本の家をつくって，お話を紹介しよう」というめあてを知り，学習計画を立てる。 （並行読書開始）	関今までの読書活動を振り返り，学習計画を立てようとしている。（発言）
追究・表現する	② 「スイミー」を読み，登場人物を見つけ，どんな人物かを考える。	読登場人物を見つけ，どんな人物かをまとめている。（絵本の家）
	③ 「スイミー」を読んで，挿絵を使ってお話の大体をつかみ，あらすじを百字程度に書きまとめる。	読挿絵をもとにして，あらすじを百字程度にまとめている。（絵本の家）
	④ できごとや文章表現の特徴に着目しながら「スイミー」を読み，一番好きな場面を選ぶ。	読好きな場面を選び，わけを書いている。（絵本の家）
	⑤ 一番心に残ったスイミーの行動について，スイミーにかける言葉を考える。	読主人公にかける言葉を書いている。（絵本の家）
	⑥ 「スイミー」を読んだ感想を百字程度に書きまとめ，友達と交流し，読みの違いや共通点などを認め合う。	読感想を百字程度にまとめ，友達と交流し，読みの違いや共通点を見つけている。（絵本の家）

学習過程	学習内容	評価規準（観点・方法）
生かす	⑦ レオ＝レオニのお話の中で，好きなお話を選択し，題名，登場人物を絵本の家にまとめ，ミニペープサートを使って友達と交流する。＜1冊目＞	読 好きな作品を選択し，登場人物について読み，友達に紹介している。（紹介の様子）
	⑧ レオ＝レオニのお話の中で，好きなお話のあらすじを百字程度にまとめ，ミニペープサートを使って友達と交流する。＜1冊目＞	読 好きな作品のあらすじを百字程度にまとめている。（絵本の家）
	⑨ レオ＝レオニのお話の中で，好きなお話の好きな場面とそのわけ，感想を百字程度にまとめ，友達と交流する。＜1冊目＞	読 好きな作品の好きな場面とそのわけ，感想を百字程度にまとめている。（絵本の家）
		言 感想を表す言葉にはさまざまなものがあることを知り，感想を書く際に用いている。（絵本の家）
	⑩ レオ＝レオニのお話の中で，好きなお話を選択し，題名，登場人物を絵本の家にまとめ，ミニペープサートを使って友達と交流する。＜2冊目＞	読 好きな作品を選択し，登場人物について読み，友達に紹介している。（紹介の様子）
	⑪ レオ＝レオニのお話の中で，好きなお話のあらすじを百字程度にまとめ，ミニペープサートを使って友達と交流する。＜2冊目＞	読 好きな作品のあらすじを百字程度にまとめている。（絵本の家）
	⑫ レオ＝レオニのお話の中で，好きなお話の好きな場面とそのわけ，感想を百字程度にまとめ，友達と交流する。＜2冊目＞	読 好きな作品の好きな場面とそのわけ，感想を百字程度にまとめている。（絵本の家）
		言 感想を表す言葉にはさまざまなものがあることを知り，感想を書く際に用いている。（絵本の家）
	⑬ 「レオ＝レオニ絵本の家をつくって，お話を紹介しよう」の学習の振り返りをし，友達と交流する。	読 学習を振り返り，友達の作品のよさを認めている。（絵本の家）

❹ 本時の指導と評価

〈目　標〉

レオ＝レオニの作品の中で，好きなお話のあらすじを百字程度にまとめ，友達と交流する。

〈展　開〉

学習活動と予想される児童の反応	支援と留意点	評価とその方法
1．前時を想起する。	・前時に学習した作品の題名と主な登場人物を発表し，学習を想起するようにする。	

学習活動と予想される児童の反応	支援と留意点	評価とその方法
2．本時の学習のめあてを確かめる。		
すきなお話のあらすじを百字くらいにまとめ，友だちとこうりゅうしよう。		
3．学習の流れを確かめる。		
4．あらすじの書き方を確かめる。	・一人一冊選択した絵本をもつようにする。 ・あらすじを書く視点を提示する。 ・主な挿絵を見つけて見出しをつけ，それをもとに，あらすじをまとめるようにする。 ・あらすじをモデル文として提示する。	
5．お話のあらすじを百字程度で書く。	・百字程度のあらすじが書ける用紙を準備する。	書 お話のあらすじを百字程度にまとめている。 （絵本の家）
6．二人組で，選択したお話がどんなお話かを交流する。	・二人組で向かい合わせになり，ミニペープサートを使って，登場人物とどんなお話かを紹介するようにする。	
7．学習を振り返る。		

❺ 言語活動を促す支援

「絵本の家」の構造

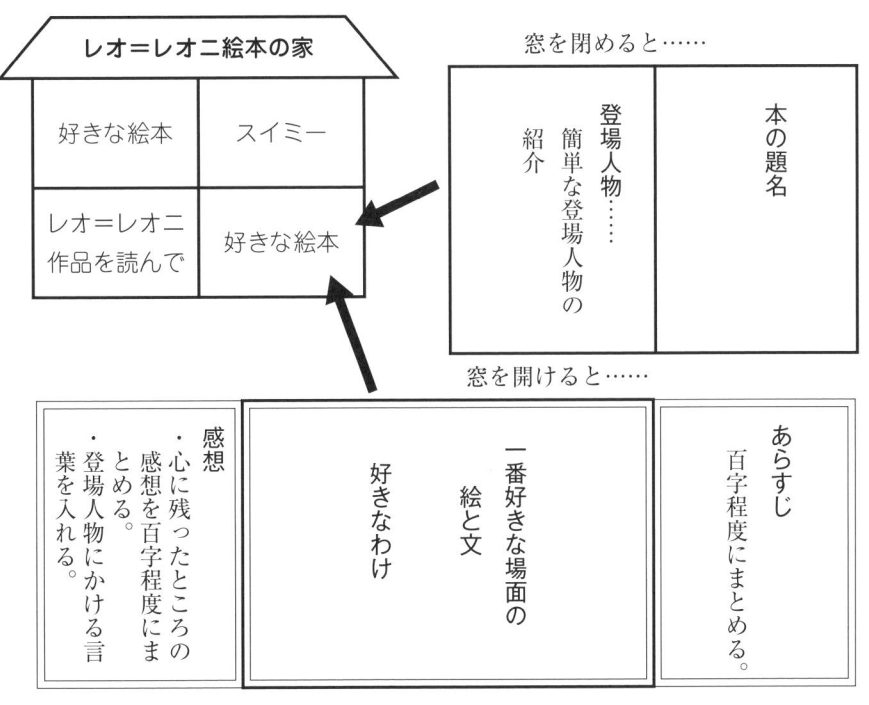

①「絵本の家」でお話の紹介をするという言語活動を行うことで

　教材「スイミー」で，学習の仕方を学び，レオ＝レオニ作品を並行読書することにした。お気に入りの絵本を２冊選択し，「スイミー」で学習したことを生かして，同じ形式の学習を繰り返し行う。「絵本の家」という子どもたち自身が目に見える成果物を作り上げていくことは，最後まで意欲を持って学習を進めることにつながった。

②二人組の交流活動を取り入れることで

　一時間の学習の中に，二人組の交流活動を取り入れることにより，友達がどんな本を取り上げ，どのような紹介活動をするのか興味をもつことができた。また，主人公のミニペープサートを二人組の交流活動の中で取り入れることにより，登場人物の行動に着目して読み，友達に伝えることに役立った。

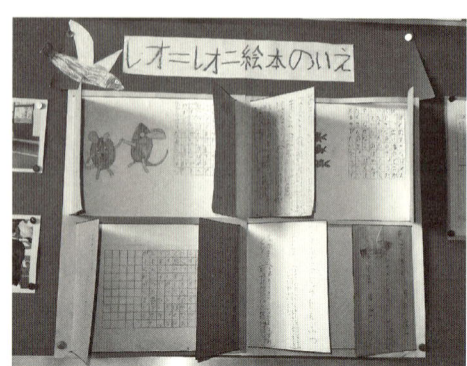

子どもが作ったレオ＝レオニ絵本の家

・登場人物の紹介では

　自己紹介として「ぼくは，○○だよ。ぼくはこんなことができるんだよ」など登場人物の行動に着目して紹介していた。

・あらすじをまとめるときには

　ミニペープサートをもつことで，「はじめに，ぼくが○○したよ。次に，ぼくが○○したよ」というように，登場人物の行動に沿ったあらすじのまとめ方ができた。

③あらすじを百字程度にまとめるために

　「○○をしたスイミー」という簡単な見出しを考え，その見出しをもとに主語と述語の簡単な文にし，つなぎ言葉でつなぐことで百字程度の簡単なあらすじにまとめる学習を生かして，自分の好きな絵本でも「主人公が○○した」という文を考え，それをつなぐことで百字程度の簡単なあらすじにまとめるようにした。次は，子どもが書いたあらすじである。

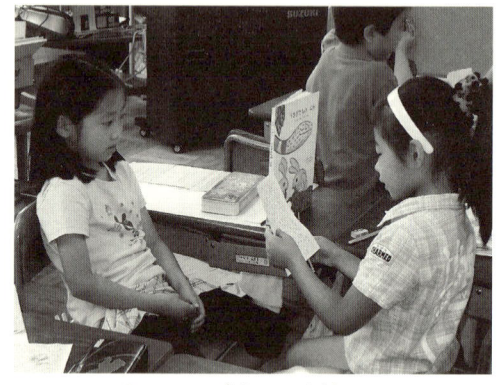

ミニペープサートを使って
交流活動をする子どもたち

> 　ある日，アレクサンダーはアニーのへやでぜんまいねずみを見つけた。そして，アレクサンダーは自分もぜんまいねずみみたいにかわいがられたいと思った。そこで，まほうのとかげにたのみにいった。だけど，ぜんまいねずみがすてられると聞いて，「ぜんまいねずみをねずみにして」ととかげに言った。そして，夜明けまでおどった。

6 まとめ

　「登場人物の行動を中心に想像を広げながら読むこと」の指導事項の力をつけるために，「絵本の家」という形の言語活動を，単元を貫いて行うことにより，子どもたちは最後まで主体的に学習を進めることができた。また，この言語活動の中に，「登場人物について考える」「簡単なあらすじをまとめる」「一番好きなところを見つけ，わけも考える」「主人公への声かけを含む簡単な感想をもつ」という明確な学習内容を取り入れたため，子どもたちは自分でこれから生かせる学習の仕方を身につけたという達成感があった。この実践を通して，指導事項を身につけるためには，単元を貫いて適切な言語活動を位置づけることは，子どもたちの読む力をつける上で，大切なことであると確信した。

> **水戸部修治 教科調査官による ワンポイントアドバイス**
>
> 　子どもたちに「大好き」「やりたい」という思いをもたせる国語科の授業こそ重要である。主体的な思考や判断を育む上で重要になるからである。本事例では，ねらいを見極めた上で，「絵本の家」づくりという子どもにとって魅力ある言語活動を開発した。ポイントとなるのは，絵本の家に複数の部屋を設けたことである。本や文章を選んで読む，場面の様子を押さえてあらすじをまとめることを，無理なく繰り返せるように工夫しているのである。

モデル授業Ⅱ

主体的な読書活動を位置づけた指導の工夫

第3学年　ポップって楽しい！自分の本を選んでみんなに紹介しよう！

登場人物を中心に物語を紹介しよう「モチモチの木」

高橋　亮子　福岡県北九州市立折尾西小学校

本単元を貫いて位置づける言語活動とその特徴

　本単元でつけたい力は主に「C 読むこと」ウの登場人物の性格などを場面の移り変わりに着目して読むこととオの一人一人の感じ方の違いに気付くことである。「登場人物を中心に物語を紹介しよう」という単元を貫く言語活動を設定し，教材「モチモチの木」を読んで，人物を中心に物語を紹介する文を書く，人柄をとらえ，その読み方を活用して自分のお気に入りの本を紹介できるようにする。導入の時点で，「人物を紹介する内容のポップで物語を紹介する」という活動の目標をもち，教材を読んで「人物を紹介するための方法」をつかみ，最終的に自分のポップでお気に入りの本を紹介するという学習を行うものである。

　「読むこと」の学習を充実させるために，本単元では，お気に入りの本の紹介をするというよさを生かしながら，かつ「人物を中心に紹介をすること」を単元全体を通して子どもに意識付け，単元を貫く言語活動を展開していった。そのための主な手だては，以下の三つである。

①子どもの課題意識を膨らませるために，導入で「斎藤隆介作品から好きな本を選んでポップにして紹介しよう」と投げかけ，「作って人に伝えてみたい」「そのために読む方法も学ぼう」「他の斎藤隆介作品も読んでみたい」という意欲を高めるようにしていく。

　・教師作成のさまざまなポップや実際の本屋さんのポップの写真を使う。

　・斎藤隆介作品「ソメコとオニ」の読み聞かせや他の作品の紹介をする。

②子どもの読書への意欲を高め，積極的に学習に取り組むようにするために，場面の移り変わりを読む際は必ず，「〜豆太と〜じさま」というように，人物の人柄や気持ちがわかるような文を書くようにして，人物紹介を意識づけるようにする。

③最後に一人で作品を読んで紹介文を書いていくために，多読及び一人読みを重視する（教材文も一人読みを行った後に場面ごとの読みを行う）。

　・ブックリストを使って，斎藤隆介作品を多く読み，感想をもつ。

　・本文に人物の気持ちやその人らしさが表れる所に書きこみをしながら読む。

　・好きな本の紹介では，紹介したい部分に付箋を入れながら読む。

1　単元の指導目標

○教材「モチモチの木」や自分のお気に入りの本の紹介文を書くことによって，登場人物の気持ちの変化や人柄に着目して読んだり，自分の考えをまとめたりする中で，一人一人の感じ方について違いがあることに気付くことができる。
○会話文や地の文にある登場人物の行動や会話から，人物の気持ちや人柄をとらえる読み方，場面を比べたりつないだりする読み方，登場人物に対する語り手の考えをとらえる読み方，登場人物について自分の考えや思いをもつ読み方，魅力的な登場人物の出てくる作品へと読み広げる読み方を身につけることができる。

2　単元の評価規準

国語への 関心・意欲・態度	読む能力	言語についての 知識・理解・技能
・いろいろな物語に興味を持ち，進んで読もうとしている。	・読んだ作品についての紹介をするために会話文や地の文にある登場人物の行動や会話から，人物の人柄や気持ちの変化をとらえて読んでいる。（Ｃウ） ・読んだ内容について自分の考えを紹介文にまとめ，一人一人の感じ方について違いがあることに気付いている。（Ｃオ）	・言葉には考えたことや思ったことを表す働きがあることに気付いている。（イ(ア)）

3　単元の指導計画（総時数15時間）

次	時	ねらい	主な学習活動と内容	指導上の留意点
一	1	単元の学習課題をつくり，物語の紹介文を書くための読みのめあてをもつことができる。 ・登場人物の人柄や気持ちを読み取る。 ・登場人物に対して自分の考えをもつ。	○教師自作のポップによる本の紹介から単元の学習課題をつくる。 登場人物を中心に「ポップ」で物語を紹介しよう。そのための紹介文の書き方を「モチモチの木」から学ぼう。 ○教師の範読を聞いてあらすじをとらえ，登場人物の整理をしながら，初読の感想の交流をする。	○既習学習や読書経験から，子どもの問題意識と意欲を高め，単元を通しての学習課題をつくる。 ○教師作成のモデル文や教科書の「ソメコとオニ」の紹介文などから児童の学習への意欲を高めるようにする。 ○斎藤隆介作品を準備したり，ブックリストを配ったりし，並行読書ができるようにする。 ○挿絵を活用し，あらすじをとらえることができるようにする。 ○紹介文を書くための読みのめあてを確かめるようにする。
	2	モチモチの木を読んであらすじをとらえ，感想を交流することができる。		

次	時	ねらい	主な学習活動と内容	指導上の留意点
二	3	人物の気持ちの変化や人柄がわかるところを探しながら全文を読むことができる。	○登場人物の人柄や気持ちの変化が強く伝わってくるところに線を引き、人物の人柄を書き込んだり、自分の思いや考えをまとめたりする。	○音読を行い、人物の気持ちを考えたり確かめたりしていく。 ○「書きこみワークシート」を準備する。
	4	「おくびょう豆太」の場面を読み、豆太とじさまの性格をつかむことができる。	○物語の場面・人物設定を把握する。 ○豆太とじさまの人物紹介を書く。	○毎時間の学習で、人物紹介を意識付けた展開をする。 ○人物の性格について、自分の考えをもつようにする。
	5〜9	全文を見返しながら豆太とじさまの性格や気持ちの変化に着目して読み、紹介したいところとその理由を見つけることができる。	○毎時間全文を読みながら、場面と場面とを比べたり、登場人物の特徴的な言動をとらえたりしながら豆太とじさまの人物紹介を書いていく。	○豆太の昼と夜の違いに着目したり前の場面と比べたりつないだりしながら読めるように促す。 ○「豆太は変えたものは何か」「本当は変わってないのか」など児童の疑問を生かした人物の性格や気持ちの変化に結びつく話題を中心に読み合う。
	10	登場人物の人柄について考えを交流し、その人らしさについて自分なりの考えをもち、簡単な人物紹介を書くことができる。	○豆太らしい、じさまらしいと思うところを探し、どんな人物だと思うか自分の考えを書きまとめる。 ○一人一人が人物紹介を書くことができる。	○交流する際、根拠となる文や部分、行動や会話文などを明確にするようにする。
	11	「モチモチの木」のポップをかくことができる。	○紹介文を交流し合ってそれぞれの友達の読みの違いを見つけることができる。	○物語を通しての人物の人柄をまとめることができるようにする。 ○前時の人物紹介をうけて、「モチモチの木」の紹介を書くようにする。
三	12	選んだ本を読み返し、紹介したい事柄を集めることができる。	○ブックリストに記入したものの中からお気に入りを選び、読み返す。 ○「モチモチの木」で学んだ人物紹介を中心とした紹介文の書き方を想起する。	○選んだ作品を、再度、登場人物の人柄に着目して読み返すよう助言する。 ○前時までの学習を想起しながら、人柄がわかるところに付箋を貼るなどの工夫をする。
	13 本時	選んだ本の紹介文を構成することができる。	○紹介したい人物の人柄をまとめ、紹介文の組み立てに従って文章を書く。	○モチモチの木の紹介文を活用して、好きな本の紹介文を書くようにする。
	14	紹介文をポップに仕上げることができる。	○イラストや絵を工夫して人物中心のポップを仕上げるようにする。	○さまざまなポップのよい点を参考にして仕上げるようにする。
	15	交流して、友達の感想のよさについて学ぶことができる。	○ポップを読み合い、お互いの読みの違いや本のおもしろさを交流し合う。	○カードを紹介し合って、今後の読書につなぐようにする。図書室にコーナーを作って展示し、多くの人に読んでもらうようにする。

第1章 国語

４ 本時の指導と評価

〈主 眼〉

自分の選んだ本の良さや登場人物の気持ちの変化や性格などのおもしろさを伝えるため，好きな本の紹介文を組み立てることができるようにする。

学習活動	○指導・支援上の留意点　△指導の手だて　◆評価規準
1　本時学習のめあてと見通しを話し合う。 登場人物を紹介できるように文章を組み立てながら書こう。 2　「モチモチの木」で使用した組み立て表を使って，文章全体の流れを話し合う。 初め 　①人物の紹介 中 　②人物の人柄 　③それが，わかるところ（本文視写） 　④Ａあらすじ　Ｂおすすめのところ 終わり 　⑤自分の考え（感想） 　⑥結びの言葉 3　自分の紹介したい本について，登場人物を中心に組み立てメモを書く。 <子どもの「花さき山」組み立てメモ> 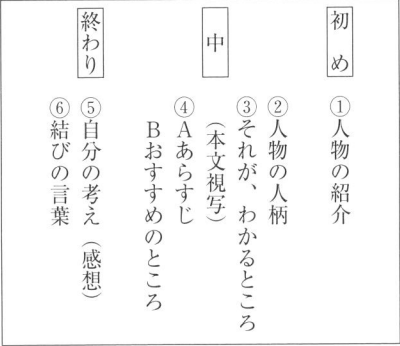 4　本時学習を振り返ってまとめ，次時について考える。	○前時までに，児童は，「モチモチの木」をポップに書いてきた。また，授業と並行して読んだ斎藤隆介作品の中から，１作品，自分のおすすめする本を選んでいる。さらに本の中には「紹介する人物の人柄」（黄色の付箋），「心に残った場面と自分の感想」（青色の付箋），「おすすめ」（ピンクの付箋）を入れている。 <付箋を入れて書く事柄を集めた『三コ』の本>  ○「モチモチの木」の紹介文を書く際に参考にした組み立て表に沿って，好きな本のポップを書いていった。 　手だてとしては，次の３点である。 ① 人物の人柄 を考えること。黄色の付箋が，気持ちにとどまることなく，人柄まで表しているかどうかの支援を行った。 ② お話のあらすじ にするか， おすすめの場面 にするか選べるようにした。あらすじにまとめるのは，難しい児童もいるためであった。 ③ 自分の考え を書く時の視点を明らかにした。伝えたいことの中心は 登場人物を中心に である。自分の感想も「人物について」書かれているかを確認していった。 ○付箋を選んだり直接書いたりしながら，組み立てメモを書いていった。 △座席指導案などをもとに，支援の必要な児童には事前に用意したヒントカードを渡したり，相談に応じたりした。 ○何人かの児童に発表してもらい，紹介の仕方の違いやよさについて認め合った。 ◆登場人物を中心とした紹介文を組み立て表に書くことができる。 　<組み立て表の内容> 　・登場人物のことで一貫しているか。 　・人柄とその根拠が一致しているか。 　・あらすじやおすすめが伝わるように書けているか。 ○次時は，いよいよポップとしてレイアウトしながら紹介文を書くことになる。意欲を高めて終わりたい。

5 言語活動を促す支援

子どもたちの言語活動を充実させるための支援の実際は以下のようである。

①導入のポップで学習意欲を高めた

＜教科書の紹介文（右）とその内容＞

題名
紹介したい人物
　（初め）　①人物の紹介
　（中）　　②人物の人柄・その人らしいところ
　　　　　　③それがわかるところ（②の根拠）
　　　　　　④あらすじ紹介
　　　　　　　（ラストは秘密にしながら）
　（終わり）⑤自分の感想
　　　　　　⑥結びの言葉

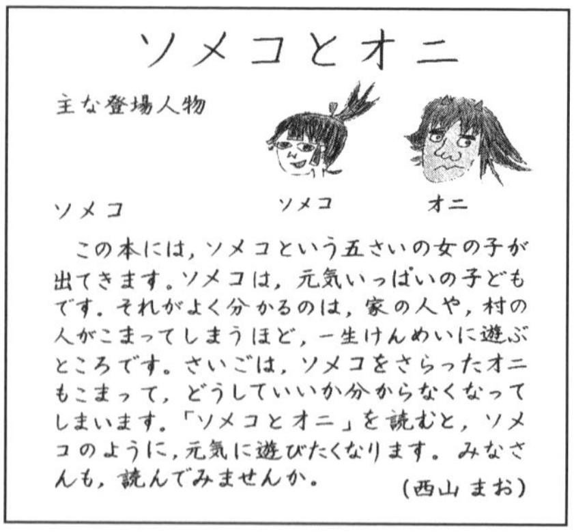

＜教師作成のポップ（右）＞
「ソメコとオニ」を読み聞かせたあと，教科書の紹介文と教師作成のポップを比べて提示したり，町の本屋のポップを紹介することで，「ポップで本を紹介したい！」という意欲をもつことができた。

②「～豆太と，～じさま」というように人物の人柄や気持ちがわかるように文にしてまとめ，常に「人物紹介する」意識をもつようにした

＜児童のワークシート（右）＞
人物の人柄やその人らしさが言葉で表現できるのが，この単元の目標であり，最終の「選んだ本の人物を紹介する」ことにつながる。そこで毎時間の学習の中で「～豆太と～じさま」というように，場面ごとの二人の人物紹介を書くようにしていった。

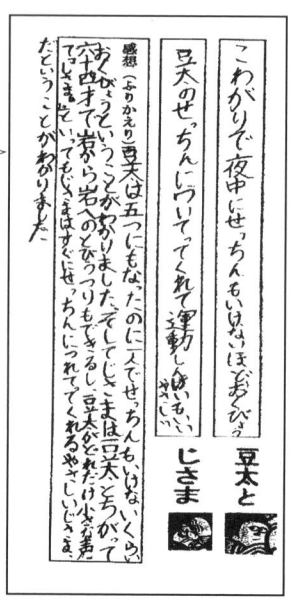

《「おくびょう豆太」の場面での子どもたちの人物紹介文》

【豆太】
・五つにもなるのに一人でしょうべんができないおくびょう豆太
・モチモチの木をすごくこわがっているおくびょう豆太
・真夜中に一人でしょうべんに行けないこわがりでおくびょう豆太

【じさま】
・やさしくて運動が身軽なじさま
・すぐに目をさましてくれるやさしいじさま
・豆太とりょうし小屋に二人でくらしているやさしい家族のじさま

③自分のお気に入りの本を選んだり，選んでポップで紹介したり，実際に展示などした

```
左　斎藤隆介作品のブックリスト
中　図書室での展示の様子
右上　子どもの作品　　　右下　本と一緒に作品展示
```

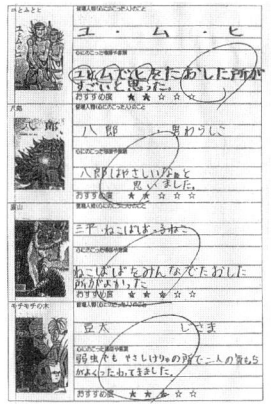

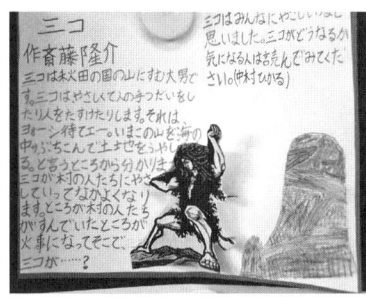

6 まとめ

　「登場人物を中心に物語を紹介しよう」という学習を通して，子どもたちは何を身につけることができたか。大きく二つに絞ってまとめてみたい。
　一つは，登場人物の人柄や性格を読む能力である。人物紹介する文を単元を通して書き表すことで，学習後「本の人物の人柄や性格がはっきり分かるようになった」と多くの子どもが感想をあげていた。一時的な気持ちや感情だけでなく，その人の人柄を読むことが物語を楽しんだり味わったりする上で大切だということに気付いてきている。
　もう一つは，物語の読み方を自ら活用し，表現していったことである。「ポップでお気に入りの斎藤隆介作品を紹介する」という目標をもって，「モチモチの木」で読み方を学び，実際に図書室に展示することができた。このことは子どもたちに「自分の力で本を選んで，自分の力で読んで紹介する文が書けた」と，誇れる力となった。これは，「人柄・性格を紹介する」という一貫した言語活動を通して得た大切な力であると感じている。

> **水戸部修治 教科調査官による ワンポイントアドバイス**
>
> 　日常の読書生活につながる読むことの授業づくりを進める必要がある。読む絶対量の確保が読む力の育成の基盤となるからである。本事例では，登場人物の性格をとらえることをねらい，同一作家の本を多読している。登場人物の性格は，作品全体を通して安定的に描かれるため，場面ごとに読み取ったのでは把握できないのである。そうした授業づくりの基盤として，関連して読む本を選定するという教材研究も重要なものとなる。

モデル授業Ⅲ

事物のよさを伝えるための文章を書く言語活動

第5学年　物語のよさを伝えたい！そうだ。解説文を書こう。

物語を読んで，自分の考えをまとめよう「わらぐつの中の神様」

瀧川　文子　横浜市立並木中央小学校

本単元を貫いて位置づける言語活動とその特徴

　本単元で身につけたい力は，学習指導要領，国語「C 読むこと」エの物語の優れた叙述（人物像や相互関係，表現，構成など）に着目して物語の特色をとらえる力，それに対する自分の考えをまとめる力である。また，「C 読むこと」カの物語の特色をとらえるため，同じ作者の本を読み重ね，共通点を見付ける力もつけていきたい。

　そこで，「物語の解説を書く」という言語活動を設定した。「解説」にはさまざまなタイプがあるが，本単元では，身につけたい力から，本の巻末に掲載されているタイプの解説とした。そのため，本単元で取り上げる解説は，以下のような特徴をもつ。

- 物語を読んでから読むもの。
- 解説を読むことで物語の見方が変わったり，もう一度読みたくなったりするもの。
- 自分なりの解釈が入るもの。
- 「説明」より書き手の主体が表れ，分析的なもの。
- 「推薦」とはっきり分かれていないが，「推薦」より客観的なもの。
- 「紹介」→「推薦」の流れに位置づけるもの。
- 1冊ではなく，複数の作品を読んで重ねて書くとよい。
- 次のような内容が書かれていること（主なものを抜粋）

作者について（紹介・生い立ち・考え・表現の意図など）
登場人物について（人柄・魅力・役割・行動・人物相互の関係など）
心に残る場面（理由・あらすじなど）　　　表現（美しさ・特徴など）
解説者の経験・考え・解釈（分析・推測・自分のとらえなど）
他の本・作品（同じ作家の本・登場人物の共通性・同じテーマの本など）
テーマ・題材　　　　　評価（解説者の評価・他の人の評価・書評の引用など）

　以上の特徴をふまえ，登場人物の人物像や相互関係・魅力・役割・人柄，表現の美しさや工夫・効果，構成の工夫などといった優れた叙述に着目することで，物語の特色をより深く

とらえることができると考えた。また，同じ作家の物語を重ねて読むことで，物語やテーマの共通性を見付けたり，解説に書く自分の考えがより広がったりできることを期待している。

1　単元の指導目標

○物語のよさを解説するために，作品の特色をさまざまな視点をもとにとらえようとしたり，同じ作家の本を重ねて読んだりしようとしている。
○物語の優れた叙述を，人物像や表現，構成に着目して作品の特色としてとらえ，それに対する自分の考えをまとめて読むことができる。また，同じ作者の本を読み重ねながら共通点を見つけて読むことができる。
・擬態語や擬声語，比喩，擬人法などの表現の工夫を理解することができる。

2　単元の評価規準

〈国語への関心・意欲・態度〉
①解説文にまとめるために，同じ作者の本を読み重ねたり，物語のよさを視点をもってとらえたりしようとしている。

〈読む能力〉
②物語のよさをとらえるために人物像の描かれ方や言葉・表現，構成などの優れた叙述に着目して読んだり，それに対する自分の考えをまとめたりしている。（Cエ）
③解説文を書くために，同じ作家の作品を重ねて読み，共通点を見付けている。（Cカ）

〈言語についての知識・理解・技能〉
④物語では，擬態語や擬声語，比喩，擬人法など，さまざまな表現の工夫が使われていることを理解している。（イ（ケ））

3　単元の指導計画

学習活動と内容	基礎的指導　○評価
＊ブックトークをして，杉みき子作品を朝読書で複数読んでおく。 1　朝読書で読んできた杉みき子作品のよさについて伝え合う。何を視点にすればよりよさを伝えられるかについて話し合う。 ・登場人物の描かれ方や人柄，人物の相互関係，表現の言葉，構成，テーマなど。 2　解説文について知り，物語のよさを伝えるために解説文を書いて読み合い「杉みき子作品5-1解説集」をまとめるという課題をもち，学習計画を立てる。解説文を書く物語を選ぶ。 ・解説文に書かれている内容（優れた叙述：人物	○物語のよさを伝えようとしたり，どうしたら友達にうまく伝わるかを考えようとしたりしている。 ・児童がいつでも手にとって読めるように図書室の本と共に地域の図書館から団体貸出しで杉みき子の本を教室に置いておく。 ○物語のよさを伝えるために解説文を書く，という課題をもち，見通しをもって学習計画を立てようとしている。 ・解説文の理解を深められるように，既習教材「大造じいさんとガン」の教師自作の解説文を

学習活動と内容	基礎的指導　○評価
の描かれ方や自分の心に残る表現・構成とその効果・作者の伝えたかったテーマなど） ・いくつかの物語から自分が解説を書きたいと思う物語を選ぶこと。	用意する。 ・「わらぐつの中の神様」との共通性がある杉みき子の物語をいくつか選んでおいて、そこから選べるように提示する。

> 物語のよさを伝えるために、物語を視点をもって読み、
> 「5－1杉みき子作品解説集」をつくろう。

3・4　「わらぐつ中の神様」を読み、解説文の視点に基づいて物語の特色をワークシートにまとめる。 ・心に残る表現については、なぜそこが心に残るのか理由を明確にすること。 ・表現（対照・擬態語・擬声語・比喩・擬人法・慣用的な表現・色彩語など）。 ・視点にそって見つけた箇所に付箋を貼ること。 ・テーマや人物に結び付く表現を複数から見付け、自分なりの解釈をすること。 （選んだ物語を並行読書）	○解説文を書くための視点（優れた叙述）をもとに、「わらぐつの中の神様」を読んでいる。また、友達の読み方に気付き、自分の考えを深めている。 ・考えが深まるように、一人学びの後に、グループでの交流、全体化を位置づける。 ・整理しやすいように、貼る付箋を4色用意する。（青：人物の描かれ方　桃：心に残る表現　黄：表現の工夫　緑：その他の表現）
5・6・7【本時】選んだ物語ごとに、解説文の視点（人物の描かれ方や自分の心に残る表現・構成とその効果・杉みき子の伝えたかったテーマなど）に基づいて物語の特色をワークシートにまとめ、解説文を書く。 ・視点をいくつか選ぶこと。 ・「わらぐつの中の神様」や他の物語との共通点や、重ねてわかることなどから、考えを深めて書くこと。 ・一人学び、グループでの交流、解説文（800字程度）を書くという学習の流れ。 ・グループごとに時間配分を決めて学習すること。	○物語の構成とその効果や、人物像の描かれ方、心に残る言葉や表現など優れた叙述をとらえたり、それに対する自分の考えをまとめたりしている。 ○同じ作家の物語と重ね、共通点を見つけ、解説する作品の特色を理解している。 ○物語の中にある擬態語や擬声語、比喩、擬人法など、表現の工夫が使われていることを理解している。 ・児童によって解説文の順序が違うので、あとで貼り合わせられるマス目の用紙を用意する。
8　書き上げた解説文を読み合い、それぞれの物語の特色から、杉みき子の物語についてやテーマについて全体で深める。単元の振り返りをする。 ・雪国の大変さと美しさや、一生懸命に生きることの大切さなど、杉みき子の物語のテーマの共通性に着目すること。 ・友達の考えを聞きながら、自分の考えと比べたり重ねたりして、深めていくこと。 ・物語のよさをうまく伝えられたことを通して、身に付いた力を確認すること。 ・単元全体の流れについて振り返ること。	○同じ作者の本の特色を、それぞれの解説文をもとにとらえようとしている。 ○単元計画や身に付いた力、今後に生かせる場面など全体を振り返っている。 ・普段の読書に生かせるように、同じ作者の複数の本を読んだ経験のある児童を取り上げ、共通点やテーマについて考えるよう声をかける。 ・身に付いた力を実感させるために、物語の良さを伝える活動を、1時と比べるよう示唆する。

第1章 国語

❹ 本時の指導と評価

（1）本時の目標
　選んだ物語について，解説文を書くために，登場人物の描かれ方や工夫された表現・言葉，構成とその効果，杉みき子の伝えたかったテーマなど優れた叙述をとらえたり，自分の考えをグループで深めたりして，解説文にまとめることができる。

（2）本時の展開（7／8時間）

学習活動と内容	基礎的指導　○評価
1　本時のめあてを確認する。 　物語のよさを伝えるために，物語を視点をもって読み，解説文を書こう。 2　同じ物語を選んだグループごとに，解説文の視点（人物の描かれ方や自分の心に残る表現・構成とその効果・杉みき子の伝えたかったテーマなど）に基づいて，物語の特色をワークシートにまとめ，解説文を書く。 　＊児童が選んでいる杉みき子作品 　　「かくまきの歌」 　　「ゆうびんきょくライトアップ」 　　「ゆうやけリンゴ」「しろいセーターの男の子」 　　「春さきのひょう」「あやしい人かげの話」 ・グループごとに，本時で読む視点を確認し，時間配分を決めて学習を進めること。 ・優れた叙述（人物の描かれ方や自分の心に残る表現・構成とその効果・テーマなど）を視点とすること。 ・心に残る表現については，なぜそこが心に残るのか，人物の相互関係や描写の美しさなどの理由を明確にすること。 ・表現（対照・擬態語・擬声語・比喩・擬人法・慣用的な表現・色彩語など）。 ・「わらぐつの中の神様」や他の物語との共通点や，重ねてわかることなどから，考えを深めて書くこと。 ・一人学び，グループでの交流，解説文（800字程度）を書くという学習の流れを自覚すること。 ・グループでの交流は，自分がどのように考えたのかを叙述を示しながら話し合うこと。 3　振り返りをする。 　・めあてについて振り返りをすること。	○物語の人物像の描かれ方や言葉・表現，構成などの優れた叙述をとらえたり，それに対する自分の考えをまとめたりしている。 ○同じ作家の作品と重ね，共通点を見つけて，解説する物語の特色を理解している。 ○物語の中にある擬態語や擬声語・比喩・擬人法など，表現の工夫が使われていることを理解している。 ・活動が明確になるように，グループごとの学習計画を掲示する。 ・視点をどうとらえるのかを想起するために，3・4時で使った「わらぐつの中の神様」の掲示をする。 ・活動の進まない児童には，「わらぐつ～」のワークシートの書き込みを見て，どのようなところに注目したか，どんなことを書いたのかを想起するよう指示する。 ・活動が進んでいる児童には，選んだ物語以外の物語も重ねてよいことを指示する。 ・児童が本時のめあてを確認できるように，振り返りの視点を掲示する。

5 言語活動を促す支援

①解説文の視点を見つけるためのワークシート

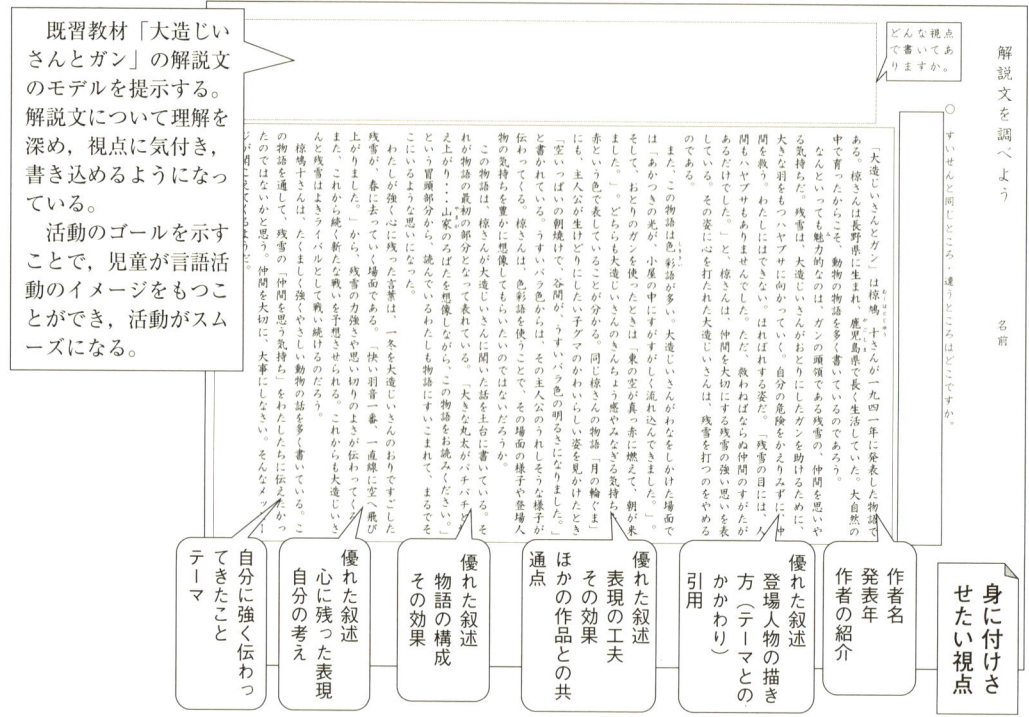

既習教材「大造じいさんとガン」の解説文のモデルを提示する。解説文について理解を深め，視点に気付き，書き込めるようになっている。

活動のゴールを示すことで，児童が言語活動のイメージをもつことができ，活動がスムーズになる。

視点：
- テーマ／自分に強く伝わってきたこと
- 優れた叙述　心に残った表現　自分の考え
- 優れた叙述　物語の構成　その効果
- 優れた表現の工夫　その効果　ほかの作品との共通点
- 優れた叙述　登場人物の描き方（テーマとのかかわり）引用
- 作者名　発表年　作者の紹介
- 身に付けさせたい視点

②解説文の視点ごとに読んでいくためのワークシート

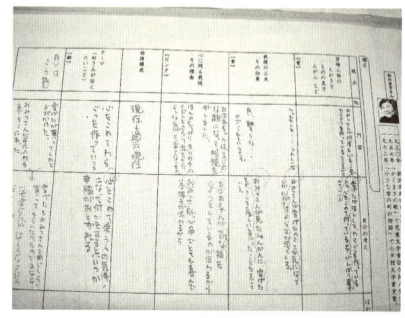

物語を読みながら，貼った付箋をもとに書き込んでいく。解説文の視点ごとに，選んだ叙述，それについての自分の考え，他の物語との共通点を書く。自分で選んだ物語のときは，視点を自分で書いて進める。

③グループごとに立てた学習計画

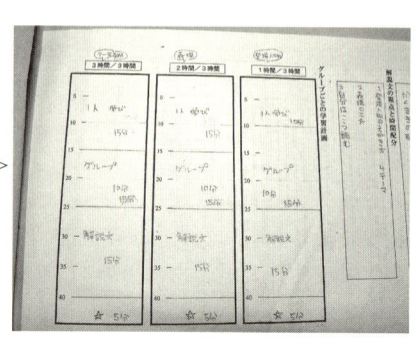

選んだ物語ごとにグループをつくり3時間分の学習計画を立てる。選ぶ視点やグループ交流の時間など，グループごとに主体的に学習を進めていけるようにした。

④「教材分析」について

物語名(出版年)「出典」	主な登場人物	構成	気にかけてほしい表現	内容・テーマ
春さきのひょう (1967) 「かくまきの歌」	お母さん（看護婦・一生懸命仕事をする） 山崎さん（お母さんを助ける人）	額縁構造	機関銃のような まるで宝石でも	看護婦をしていたお母さんが山崎さんとの出会いを思い出す。 ・一生懸命はたらくことの大切さ。
かくまきのうた (1967) 「かくまきの歌」	ちゃこ（雪が好きな女の子） 姉（雪国で育ったことを誇りに思っている）		すきとおった水のようなもの 「自分の生まれた土地だもの、こんないいとこはない」	祖母から受け継がれたかくまきを身にまとったちゃこが、代々の人々の気持ちに触れる。 ・雪国で暮らす人の大変さや喜び。
ゆうやけリンゴ (1986) 「こんやはおまつり」	ゆりこ（高田に住む） お母さん（リンゴ農家で働いていた）	額縁構造	心の底までしみとおる ふうわりとした布 家々の明かり ゆきとゆうやけがつまる	お母さんが昔リンゴ農家に手伝いに行ったときの話をする。 ・友情の大切さ。
あやしい人かげの話 (1980) 「白いやねから歌がきこえる」	リカ（元気で雪が好き） おじいちゃん（雪かきをして不思議な経験をする）	額縁構造	わっさわっさ 鏡を見ているようなもん ぽんぽん （ほかの物語との関連）	一人で雪下ろしをすると魔が差す、という経験談を話す。7話のうちの1話。 ・雪国ならではの生活の知恵。
しろいセーターの男の子 (1975)	めぐみ（雪かきが好きな女の子） シローくん（不思議な少年）	ファンタジー	ひかりのうみ 布団をかぶったみたい ふかいうみのそこみたい シンデレラみたい	雪下ろしをしてくれたシローくん。ジャンプ台から鳥となって飛んでいく。
ゆうびんきょくライトアップ (1990) 「カラスのいるゆうびん局」	パンやさん（郵便局を大切に思っている） ゆう太とふみえ カラスたち	ファンタジー	朝からおみこしが通ります。 ちょうちんが軒に下がります。 いそいそと ぽつぽつ （ほかの物語との関連）	郵便局がライトアップされるといううわさが流れ、夜にホタルが木を照らす。 ・まちの人々の温かさ。

児童が選ぶ作品を、解説文を書くための視点に沿って分析しておく。作品は、多くの児童が読んでいたものや「わらぐつの中の神様」との共通点が多いものを選択。

6 まとめ

　本単元は，本の巻末にあるタイプの解説文を書くことを通して，その視点として優れた叙述や表現の工夫，人物の描かれ方など着目して読む力をつけることを目指した実践である。

　物語のよさを伝える解説文を書くという言語活動は，視点に沿って読んだり，同じ作者の本との共通点を探したりするうえで有効である。また，複数の叙述をもとに自分の解釈をはっきりさせることにもつながる。「解説」という言語活動の特徴を分析をすることで，身に付けたい力と合致した言語活動の特徴が明確となり，教師自身が目指す姿をしっかりイメージすることができた。しかし，読みの視点ばかりに着目してしまうと，物語を読んで楽しむという本来の姿から離れてしまうことにもなる。「物語のよさを感じ，それをどう表現（解説）するか」という，子どもの思考の流れに沿った学習になるよう，指導者側がより意識していくことが重要である。

> **水戸部修治 教科調査官による ワンポイントアドバイス**
>
> 　国語科の授業づくりで不可欠なのは，単元を貫く言語活動を位置づけることである。その言語活動を行うことで確実に指導のねらいを実現する必要があるからである。本事例では，「解説の文章を書く」ことを通して，自ら着目した優れた叙述について，自分の考えを明確にすることをねらった。そのためどのようなタイプの，どのような要素をもった解説ができればよいのかを明らかにしている。こうした言語活動の特徴の分析が重要である。

社会

教科調査官が求める授業

澤井陽介
文部科学省初等中等教育局教育課程課教科調査官

「何を教えるか」を明確にし，「どう学ばせるか」工夫して，子どもの表現を評価する技術を身につける。

　小学校社会科は，社会生活についての理解を図り，我が国の国土と歴史に対する理解と愛情を育て，国際社会に生きる平和で民主的な国家・社会の形成者として必要な公民的資質の基礎を養うことを目標とする教科です。このことは改訂を経ても変わらない「不易」です。

　一方で，平成23年度から全面実施されている学習指導要領の解説からは，これからの社会科の授業づくりにおいて重要な2つの視点を見いだすことができます。

　その1つは，社会科の教科目標である公民的資質の基礎を「よりよい社会の形成に参画する資質や能力の基礎を含む」と説明して，社会科の授業を通して育てる子ども（人間）像をより明確にした点です。教育基本法並びに学校教育法の改正を踏まえたものです。

　もう1つは，問題解決的な学習のよりいっそうの充実を求めている点です。学校教育法30条2項に学力の要素として，基礎的・基本的な知識・技能を活用した課題解決のための思考力・判断力・表現力の育成が規定されたことを踏まえたものです。

　すなわち社会科は，問題解決的な学習を通して，社会生活および我が国の国土や歴史などについて主体的に学ぶことで，これからのよりよい社会について考える子どもを育てることをめざしているのです。

　こうした背景を踏まえ，社会科の授業の工夫・改善のポイントについて考えてみたいと思います。

第2章　社会

❶ ポイント1：「何を教えるか」を明確にすること

●教材化の視点を明確にする

　現実の社会的事象（事実やできごと）を学習対象とする社会科は，改訂のつど，社会の変化や課題などを背景とした内容が加わるため，全体像がとらえにくくなる面もあります。しかし，社会科はこれからも次のような視点で社会的事象を教材化することが大切です。

・社会的事象は相互に関連していること。（人々の連携や協力，自然，法やきまり等により）
・社会的事象の背景には人間の営みや働きがあること。（工夫や努力，苦心や願い，伝統や文化の継承等）
・社会は変化・発展していること。（過去から現在への形成，未来に向けた持続可能性等）
・社会的事象と私たちの生活とはかかわり合っていること。（役割や影響，保護や活用等）

　下線は，平成23年度から全面実施されている学習指導要領で，新たに内容や内容の取扱いに加わったことと関係のあることがらです。

　社会的事象は，見方を変えることで多様な意味が見えてきます。例えば，地域にある「ごみ集積場のきまり」は，市役所の立場から見ると，「効率的な収集・処理のため」という意味が見えます。一方，地域住民の立場から見ると，みんなで守らなければ住みよい環境が維持されないことから「良好な環境維持のため」という意味が見えます。「法やきまり」が有する「公共」の視点です。変化する社会を子どもにより確かにとらえさせていくためには，どのような視点で子どもに社会的事象を見せるかを教師が意図することが大切です。

●学習内容の構造をとらえる

　単元あるいは小単元を通して子どもが獲得する知識や概念が明確にされていないとき，社会科は何を教える教科であるかわかりづらいと言われます。学習内容を全体的，構造的にとらえることが大切です。国立教育政策研究所では，『評価規準の作成，評価方法等の工夫改善のための参考資料』（平成23年3月）を作成し，学習評価の具体的事例を掲載しました。そこには，「社会的事象の知識・理解」の評価に関する資料として，①考えて身に付ける知識（「概念的な知識」とも言われる），②調べて身につける知識，③覚える用語などの3つに分けて知識を整理しています（図1）。こうした構造図等の作成は，評価に限らず，知識の習得と活用，児童の主体的な問題解決の道筋などを構想する教師の授業準備として大切です。

❷ ポイント2：「どう学ばせるか」を工夫すること

●言語活動を充実させる

　社会科においては，次の3つの言語活動を大切にしたいものです。

図1　小単元「願いを実現する政治」の知識を整理した図
　　　（『評価規準の作成，評価方法等の工夫改善のための参考資料』より）

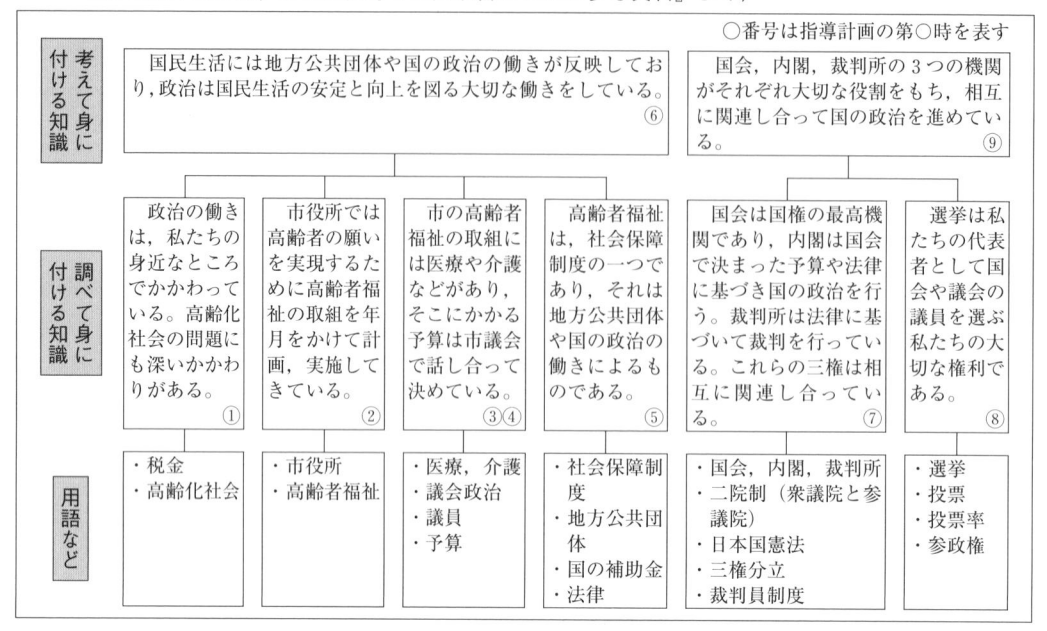

		○番号は指導計画の第○時を表す
考えて身に付ける知識	国民生活には地方公共団体や国の政治の働きが反映しており，政治は国民生活の安定と向上を図る大切な働きをしている。⑥	国会，内閣，裁判所の3つの機関がそれぞれ大切な役割をもち，相互に関連し合って国の政治を進めている。⑨
調べて身に付ける知識	①政治の働きは，私たちの身近なところでかかわっている。高齢化社会の問題にも深いかかわりがある。　②市役所では高齢者の願いを実現するために高齢者福祉の取組を年月をかけて計画，実施してきている。　③④市の高齢者福祉の取組には医療や介護などがあり，そこにかかる予算は市議会で話し合って決めている。　⑤高齢者福祉は，社会保障制度の一つであり，それは地方公共団体や国の政治の働きによるものである。	⑦国会は国権の最高機関であり，内閣は国会で決まった予算や法律に基づき国の政治を行う。裁判所は法律に基づいて裁判を行っている。これらの三権は相互に関連し合っている。　⑧選挙は私たちの代表者として国会や議会の議員を選ぶ私たちの大切な権利である。
用語など	・税金　・高齢化社会　・市役所　・高齢者福祉　・医療，介護　・議会政治　・議員　・予算　・社会保障制度　・地方公共団体　・国の補助金　・法律	・国会，内閣，裁判所　・二院制（衆議院と参議院）　・日本国憲法　・三権分立　・裁判員制度　・選挙　・投票　・投票率　・参政権

①調べたことやわかったことを記録すること

　教師が示した資料や子ども自身が観察・調査などを通して得た事実や情報をまとめる言語活動を重視します。そのためには，メモしたりノートにまとめたりする活動を大切にしたい。子どもは，こうした事実や情報をもとに，それを整理しながら考えます。これらは，教師にとって大切な評価資料にもなります。

　また「わかったこと」を文章でまとめることも大切な学習活動です。教師は往々にして「考えたこと」を表現させることを急ぎがちです。事実や情報をもとにして考えたことを表現させるのだから，まず事実や情報を「わかったこと」として整理させることが大切です。わかったことの確認なしに「考えたこと」や感想を求めても，子どもは「～がわかった」と表現することが多いのです。まず，事実や情報を整理したがっているのです。

②わかったことや考えたことを相手にわかるように表現すること

　子どもが頭の中で考えたことであるのだから相手にわかるように表現することが必要です。観点別学習状況の評価の観点「社会的な思考・判断・表現」の趣旨を文部科学省通知（平成22年5月）では「～社会的事象の意味について思考・判断したことを適切に表現している」と示しています。「適切に表現」とは，例えば次のような表現が考えられます。

・根拠（資料など）や理由を示して
・（既有の経験や知識と結びついた）自分の言葉によって解釈して
・具体例をあげたり，まとめたりして
・他の子どもの意見と比べたり，つなげたりして

こうした表現の仕方を身につけさせるためには、「なぜなら」「つまり」「例えば」などの接続詞を使った伝え方や、「〜さんの意見に反対で」などと既に出された意見とつなげる伝え方などを習慣化することが大切です。すべての教科等の学習で心がけたいことです。

③互いの考えを深めるために話し合うこと

　相手にもわかるように表現する、説明することができれば、子どもたちは互いに聞き合い、伝え合ってお互いの考えを深めることができます。実社会にはさまざまな立場や考えの人がいて、実際の話し合いでは対立したり共通理解したり、合意を形成したり、時に新しい考えを生み出したりします。社会科の授業でこうした話し合いを大切にすることは、社会的事象を関係的にとらえたり、多面的にとらえたりすることによって、社会的事象の意味をより確かに理解するだけでなく、社会的な見方や考え方が養われ実社会に生きて働く力を育てることにつながります。話し合いの指導については、以下の4点について述べたいと思います。

〔聞き合い、受け止め合える子どもを育てること〕

　話し合いが成立するためには、話し合う内容がつながることが必要です。そのためには、まず相手の話を聞くこと、受け止めることをていねいに指導したい。学級に40人いて全員が話すとすれば、39／40は聞く時間です。人の話を受け止めて話せる子ども、意見を聞き分けたり関係づけたりできる子どもを育てることが大切です。

〔意見や考えをつなぐためのルールを習慣化すること〕

　声の大きさや挙手の仕方のルールなど、話し合いのルールにはさまざまありますが、ここで強調したいのは、話し合いを充実させるためのルールです。それは、「理由があれば必ず言う」「根拠資料があれば必ず提示する」「できるかぎり他の意見と関係づける」など、「意見や考えをつなぐためのルール」です。

〔教師は子どもの意見や考えを整理し価値づけること〕

　子どもたちの話し合いの方向は、時に本筋を逸脱することがあります。意見がかみ合わないまま時間ばかりが経過することもあります。その軌道修正に教師の大きな役割があります。子どもたちの意見をカテゴリーに分けて黒板上で整理したり、反対・賛成の根拠の対応関係を線で結びつけたり、聞き返して理由を明確に補足させたり、解釈を加えてみんながわかる言葉に置き換えたりするのが、教師の重要な役割です。このことは、子どもの意見や考えを整理して、価値づけることになります。

〔話し合う目的を示すこと〕

　社会科において、活発な話し合いを促す方法の1つとして討論が行われます。その一例として「賛成か反対か」などと二者択一的に自分の立場を決め、その理由を話し合う討論があります。こうした討論は、目的ではなく手段であることを念頭におきたいものです。討論を「手段」にして複数の立場や考えを知らせ、より広い視野から確かに社会的事象をとらえさせようと意図されることが多いのです。しかし授業をみると、反対のための反対のような議

論を繰り返している討論も時に見られます。子どもたちには「何のために話し合うのか」という目的を示すことが大切です。始めから「立場に分かれてよさや課題を見つけよう」と示す場合もあります。また，話し合いの途中で「どちらにも地域を大切にする思いがあるね」などと共通点に気づかせたり，「実際の○○さんたちはどう解決したのだろう」と現実の様子を調べる方向に向けたりする場合もあります。教師が適切なタイミングで役割を果たすことで，子どもたちの学習を本時のねらいや単元の目標の実現に向かわせることが大切です。

●問題解決的な学習を充実させる

①子どもが主体的に学ぶ学習展開を考える

　問題解決的な学習過程には，「つかむ→調べる→まとめる」を基本形として，それを発展させるさまざまなものがこれまでにも研究実践されています。問題解決的な学習の充実のためには，そうした先行研究を踏まえつつ，子どもが主体的に問題解決を図るための学習活動を確実に盛り込んだ学習展開をさらに工夫したいものです。図2は，前述の国立教育政策研究所の参考資料に掲載されているものです。この図にある評価規準の骨組みは，そのまま問題解決的な学習の充実のための学習活動として読み取ることもできるはずです。

図2　評価規準設定の基本形（「評価規準の作成，評価方法等の工夫改善のための参考資料」より）

―学習指導要領の内容の記述形式―
A（社会的事象）について，次のこと（ア，イ，ウ…）B（学習の仕方）して調べ，C（社会的事象の意味，特色，相互の関連など）を考えるようにする。
*次のこと→（ア　調べる対象）（イ　調べる対象）（ウ　調べる対象）……

↓　事例における評価規準設定の基本形

社会的事象への関心・意欲・態度	社会的な思考・判断・表現	観察・資料活用の技能	社会的事象についての知識・理解
・Aに関心をもち，それを意欲的に調べている。	・Aについて，学習問題や予想，学習計画を考え表現している。	・Bして，Aについて必要な情報を集め，読み取っている。	・（ア，イ，ウ…）を理解している。
・よりよい社会を考えようとしている。 *各学年の態度に関する目標を踏まえた具体的な姿	・○と○とを（比較，関連付け，総合など）してCを考え適切に表現している。	・調べたことを（絵地図・白地図，図表，レポートなど）にまとめている。	・Cを理解している。

②子どもの疑問を大切にする

　問題解決的な学習は考える学習です。考えるということのスタートには疑問が不可欠です。その代表が「なぜ」です。学習問題に必ず「なぜ」を使いましょうということではありません。しかし，どのような学習問題も子どもの「なぜ」に支えられています。例えば，「なぜたくさんの人が買いに行くのか」という疑問が「○○スーパーマーケットではどのような工夫をしているのだろう」という学習問題につながります。「なぜこんなに立派なレタスが作れるのか」という疑問から「レタス作りの秘密を探ろう」となります。いずれも子どもの「調

べたい」という意欲を高める背景には「なぜ」という疑問が存在しているのです。逆に言えば，「なぜ」がないままに「秘密を探ろう」と示しても，子どもの調べる意欲，考える意欲は高まらないはずです。

　この「なぜ」の質問は調べていくにつれて深まることが多いのです。「なぜスーパーマーケットは工夫をしているのか」を調べると「消費者の願いを踏まえているから」という事実に気がつきます。販売する側の工夫と消費する側の工夫を結びつけて考える学習です。しかし，調べていくと「結びつかない」工夫もあることに気づきます。商店には，「398円」などとして購買意欲を刺激する工夫や，トレーや牛乳パックの回収などをして環境への配慮，社会への貢献を志向する工夫などもあるからです。ここで生まれる「なぜ」は，販売業の特質を考えたり，地域社会に根ざした販売活動を考えたりすることにつながる深まった「なぜ」です。「自分たちはどうすればいいか」という「判断」にもつながる疑問です。

③「考える内容」を把握して，単元（小単元）の学習問題を設定する

　単元（小単元）の目標の実現，学習のまとめに向けて何を考えさせるのかを明確にしておくことが必要です。学習指導要領は，「〜を考えるようにする」として「考える内容」が示されています。先の例でいうと，地域の販売活動の学習では「それらの仕事に携わっている人々の工夫」を考えるのであり，ごみの処理の学習では「地域の人々の健康な生活や生活環境の維持と向上に役立っていること」を考えるのです。

　こうしたことを踏まえて単元あるいは小単元の学習問題を構想・設定することが大切です。「○○について調べましょう」「○○作品にまとめましょう」といった活動を示唆する課題だけでは，何を考え理解すればよいかという内容が抜け落ちてしまうことがあります。問題解決的な学習には，学習問題が重要な役割を果たします。その学習問題は，「なぜ〜」「どのように〜」「どうすれば〜」というような問いかけの形で内容を入れ込んで構想し，子どもが何を考えたらよいかがわかるようにして設定したいものです。

❸　ポイント3：「子どもの表現を評価する技術」を身につけること

　言語活動の充実に伴い，教師には，子どもの言語などによる表現（以下「言語表現」という）の内容から学習状況を確かに把握して評価する技術が求められます。次の2点を参考に評価技術を高めたいものです。

●子どもの言語表現を受け止める準備

　評価規準は，子どもに期待する学習状況を想定したものです。評価規準をおもな学習活動に対応する形で設定しておくことは，子どもの表現を受け止める準備にほかならないのです。とくに「社会的な思考・判断・表現」において，「○○を△△と関連づけて考え，適切に表現している」といった思考方法（比較，関連づけ，総合など）を盛り込んだ具体的な評価規

準を設定しておくことで，子どもの言語表現を評価する際のものさしが明確になります。
　また，前述の構造図の作成なども同様の効果が期待できます。どんな言葉を使ってまとめているか，どんな事実を結びつけて考えているかなど，子どもが考え理解していく道筋として読み取ることができる図が多いからです。個人で作成することは難しくても，研究資料などを参考にしていきたいです。

● 子どもの言語表現を読み取る技術

　評価は教師の技術の1つです。子どもの言語表現を聞き取り，読み取る技術が必要になります。「何を根拠に（どんな具体例をあげて）」「どんな立場で考え」「何（社会的事象の意味）を」「どんな（ふうに自分の）言葉で表現しているか」などと，子どもの言語表現を聞き取る・読み取るための視点を身につけておくことや，それを活用して教師同士で読み取ったことを検討し合う研修などが必要です。
　以下は，第4学年の子どもが書いた学習のまとめです。

> （前略）人々はコウノトリと一緒に暮らしている気持ちをもっていることや，手間ひまをかけてでも大切なものを取り戻したいという人々のけんめいな思いがわかった。
> 　大切なものとは，コウノトリを仲間のように大切にする昔のような人々と，田んぼに住んでいるすべての生き物と美しい自然と人の健康のつながりだ。

　前半の文では，評価規準として設定した文言の中にある「願いや努力」を具体的に考え自分の言葉で表現しています。後半では，教師が教材化の視点とした「人と自然の共生」を「人と自然と生き物のつながり」としてとらえ表現しています。こうした表現は，教師が，「何を根拠に」「どんな言葉で」「何（社会的事象の意味＝よりよい共生）を考えているか」を読み取ることで，初めて評価規準に照らした評価が可能になります。教師は，子どもの言語表現をよく聞き，よく読み，素晴らしい点に気付いたらよくほめることが大切です。「ほめて育てる」は，常に教育の基本です。

4　社会科の評価の改善の柱とは

●「表現」の位置づけの変更

　次に，評価規準がどのように変わったのかについて整理してみたいと思います。
　新しい学習指導要領の社会科の評価の観点については，「表現」の位置づけが変わったのが大きな改善点です。
・「社会的な思考・判断」→「社会的な思考・判断・表現」

・「観察・資料活用の技能・表現」→「観察・資料活用の技能」

　このように整理されました。見直しの1つには，これまでの「表現」が社会科においてどのような評価であったか，ということへの反省があります。とくに小学校の社会科では，「新聞が詳しく書かれている」といった作品のできばえや，「声が大きくわかりやすい」といったプレゼンテーションの仕方を評価する傾向にありました。先生も子ども同士も，どちらかというと「表現の技能」を評価していたと思います。

　今回，表現の位置づけが「思考・判断」のほうに動いたことで，「技能」は，「観察」と「資料活用」であることが改めて明示されたことになります。新聞や模造紙など作品を通じて表現するものは「資料活用の技能」でしっかり見ていこうと明確化されたのです。「表現」の位置が動いても，これまでどおり作品や発表の内容は「技能」で評価できるということです。

　「表現」の位置づけが変わったもう1つの意味は，社会科でいちばん評価しづらいとされてきた「思考・判断」をいかに評価しやすくするかにありました。現場の先生方に聞いてみると，「頭の中のことだからわからない」と言われます。社会科は内容教科ですから，考えていたとしても後で教材出版社のワークテストで評価をすると「理解」になってしまうと言うのです。そこで今回「言語を伴う表現活動で思考・判断を評価する」ことが改めて明確になったことで，「思考・判断・表現」についても整理されたのではないでしょうか。

5　『参考資料』の見方・使い方

●設定例から育てるべき学力を読み取る

　『評価規準の作成，評価方法等の工夫改善のための参考資料　小学校』（国立教育政策研究所，平成23年11月）では，各内容について評価規準の設定例を掲載し，中心となる評価場面をクローズアップして載せているのが特徴です。評価場面を具体的に想定することで，評価規準は，「その単元（あるいは小単元）で求めている学力を身につけている子どもの姿である」と読み取ることができます。例えば「学校の周りの地域の様子」（44頁図3）という小単元で，子どもたちが地域に出て行くときに，「観察・資料活用の技能」で評価すべき学力は何かというと，前半で「情報を集めることができたか，読み取ることができたか」，後半の議論しながら整理していく段階では「調べたことをまとめることができたか」と示されています（図2参照）。このように基本形を例示することで，求める学力を明確にしています。

　ところで評価規準設定の基本形では，4観点の評価内容が全部2つに分かれていますが，これには理由があります。例えば歴史の資料は，集めるよりじっくり読み取る学習が中心になる場面があると思います。場面に応じた評価規準があってもよく，必ず2つの場面というわけではありません。例示を2つに分けたのは，評価規準が細かすぎると先生方の負担感が増すため，むしろ絞って確実に中心となる場面で評価をして学力を育てるという意図です。

図3　小単元「学校の周りの地域の様子」(「評価規準の作成, 評価方法等の工夫改善のための参考資料」より)

社会的事象への関心・意欲・態度	社会的な思考・判断・表現	観察・資料活用の技能	社会的事象についての知識・理解
①学校の周りの地域の様子に関心をもち, 意欲的に調べている。 ②学校の周りの地域の様子の特色やよさを考えようとしている。	①学校の周りの地域の様子について, 学習問題や予想, 学習計画を考え見学カードに記述している。 ②土地利用の様子を地形的な条件や社会的な条件と関連付けたり, 分布の様子を相互に比較したりして, 学校の周りの地域の様子は場所によって違いがあることを考え, 分かりやすく説明している。	①観点に基づいて観察や聞き取り調査を行い, 学校の周りの様子について必要な情報を集め, 読み取っている。 ②調べたことを主な地図記号や四方位などを用いて平面地図にまとめている。	①学校の周りの地域の特色ある地形, 土地利用の様子, 主な公共施設などの場所と働き, 交通の様子, 古くから残る建造物の場所と様子などを理解している。 ②学校の周りの地域の様子は場所によって違いがあることを理解している。

（左欄①②の矢印：すべて2つに分けている。）
（観察・資料活用の技能の「読み取っている」「まとめている」部分：単元の学習展開の中で中心となる評価場面を設定）

● 設定例から評価場面を決める

　中心となる評価場面を決めると, 評価規準をたくさん設定しなくてすみます。「評価規準設定の基本形」(図2)を参考に, どこにどの観点の評価規準が入るのかがイメージしやすくなります。

　例えば, 小単元「学校の周りの地域の様子」で, 「学校の周りから地域を眺める」という場面では「関心を高めるだろう」とイメージできます。子どもたちが地域の見学・調査に持っていく学習カードに, 予想や見てくること・聞いてくることという項目があれば, 教師が情報の集め方を指導したことになるわけですから, 子どもが戻ってきたところで情報を集めることができたかを評価することができます。これは「観察・資料活用の技能」の観点になります。育てるべき学力がイメージできれば, 評価規準を先生が記憶するのではなく, 指導のねらいを明確にして子どもの前に立つことが大切であると考えていただけると思います。

6　指導と評価の計画作成のポイント

● 評価の目的

　次に『評価規準の作成, 評価方法等の工夫改善のための参考資料』(以下参考資料)の使い方のポイントを述べます。この参考資料を作成した大きな命題として, 「効果的・効率的な評価」, もっと言うと「できる評価・続けられる評価」, これをどうメッセージとして送るかがありました。そのために, まず評価の目的を整理しました。目的の1つ目は, 「子どもの学力を高めるための指導に生かす」こと。現時点での学習状況をとらえ, その後の指導に生かし, 授業の改善に生かすこと。それを通して子どもの学力を高めるというものです。ですから観点別にして分析的に子どもの学力を見とるわけです。

評価結果を指導に生かすことが基本ですが、単元・学期・学年が終わるなどの節目では、評価のもう1つの目的、「記録に残す」ことが必要になります。通知表や「児童（生徒）指導要録」にまとめるために、先生は評価資料を集めることになります。ここで重要なのが「指導した結果としての評価資料」を収集すること。最初から評価するのではなく、指導した結果が出てくる場面をとらえて評価する。つまり、指導していないことは評価しないということです。「妥当性が説明できる場面での評価資料」が重要になります。

●効果的・効率的な評価

妥当性とは何かということになります。参考資料（図4）の「指導と評価の計画」のタイトルの並びに「網掛けは、評価した結果を記録に残す場面」と表示しています。評価規準を設定している場面は、子どもの学力を高めるために、指導に生かすことが大事です。網掛けの部分は、子どもの中から指導した結果の学力が表れてくる、しかも評価資料が公平に集められると教師が考えた場面の評価です。

図4　評価規準の設定場面を明示した「指導と評価の計画」の抜粋
指導と評価の計画（全13時間）　　　　　　　　　　　　＊網掛けは、評価した結果を記録に残す場面

過程	ねらい[第○時]	主な学習活動・内容	資料	評価方法と【評価規準】
学習問題をつかむ	学校の周りの地域の様子に関心をもつようにする。[①]	見晴らしのよい場所から展望、観察したり、学校の周りの地域の様子について話し合ったりして、調べる場所を決める。	校区の略地図	活動の様子や発言の内容から、「知っていることを想起して意欲的に話し合い、これから調べる地域の様子に関心をもとうとしているか」を評価する。【関-①】
	自分たちの住んでいるまちは、どのようなようすなのだろう。			
	学校の周りの地域の様子について、調べる観点や方法を考えることができるようにする。[②③]	調べる場所の様子について確かめたいことを話し合い、調べに行く計画を立てる。・調べる観点・コースなど	見学カード	見学カードの記述内容から、「自分なりの予想をもち、場所の様子を観察・調査する観点やそのための方法を具体的に考えることができたか」を評価する。【思-①】
調べる	観察したり聞き取り調査を行ったりして、学校の周りの地域の様子を調べることができるようにする。[④〜⑥]	学校の周りの地域を観察したり聞き取り調査を行ったりして、観点ごとに各自の見学カードや白地図に記入する。・土地の高低、場所の様子・地理的位置（学校との関係）	見学カード白地図	見学カードの記述内容から、「学校の周りの様子に関心を示し観察・調査する観点に基づいて必要な情報を意欲的に集めることができたか」を評価する。【技-①】【関-①】白地図の記述内容から「調べたことを方位を確かめて適切に位置付けることができたか」を評価する。【技-②】
	調べたことを絵地図にまとめることができるようにする[⑦⑧]	各自の見学カードや白地図に記入したことを使って、グループごとに絵地図にまとめる。	見学カード白地図	絵地図にまとめる様子から、「自分の見学カードや白地図から必要な情報を選んで書き込むことができたか」を評価する。【技-②】

（網掛け部分に場面を示した）

例えば、単元の初めのほうで子どもたちが見学をしてきて情報が集められなかったときには、情報収集の仕方を変える指導を入れればいいわけで、そこでABCをつける必要はありません。いっぽう、集めた情報を整理してまとめた場面は、すでにまとめた状態ですからABCの判断ができる。網掛け部分は、いわば妥当性のある場面になります。「妥当性」とは、教師の指導の成果が現れる、目標の実現に近い状況・場面で、ABCの判断をするというこ

とです。全体として指導に生かす評価を前提としつつ，記録につなげるために評価資料を集める場面を重点化したこと。これが効果的・効率的な評価を主張する方策の１つになっています。

● 授業内での記述でプラス１，２の評価を

現状の評価は，多くの学校では，単元末に教材出版社のワークテストを中心にして行われています。ワークテストでは資料があって読み取りをさせますから，「知識・理解」と「資料活用」は評価できる。ところが「関心・意欲・態度」はむずかしい。「思考・判断・表現」についても，子どもの文章記述の解釈が必要になり採点がむずかしいことが想定できます。「思考・判断・表現」「関心・意欲・態度」は，単元末のテスト前，学習活動をしている途中過程の授業内での記述などを加味して評価する。現状の評価プラス１，プラス２としてボトムアップしていくことが必要です。

● 全体像を見すえた指導と評価の重点化

効果的・効率的な評価についての提案をもう１つ述べますと，社会科の内容は，学校の周りの様子を調べたら市の様子を調べる，米作りを調べたら水産業を調べるなど，学んだことを，転移・応用できる構成になっているものが多いのです。以前学んだことを生かし，繰り返し繰り返しその学力を高めていく全体の学習計画，つまり，この小単元でつけた力を，次はここに使わせようという全体像を，歴史学習・地域学習・産業学習の全体像を考えた，指導と評価の重点化もあり得ると思います。このことは『評価規準の作成，評価方法等の工夫改善のための参考資料』でも少し紹介しています。

● 評価方法：「Ｂ」を具体的に想定しておく

次に評価方法についてですが，ABC判断を妥当性で説明するにはどうするか。現在の国の考え方は，目標に準拠した評価は，Ｂが「おおむね満足できる」状況となっています。そこでABCをあらかじめ枠組みの中に入れるとらえ方ではなく，まずＢを具体的に想定することが大切です。そのうえで事例では，Ａと判断した子どもの記述内容例と判断した根拠をあげています。Ｂを最初に想定することでＡの姿は「この子はＢを超えた」となります。Ａの判断は出たとこ勝負ではなくて，社会科では「多面的・総合的にとらえて公正に判断する」「社会的な見方や考え方を身に付ける」「行動や実践につなげようとする」などのめざすべき姿があるので，先生が社会科学習を通して子どもに育てたい力を見すえておく必要があります。またＢを細かく子どもの姿で想定することは，評価規準にいたらないＣの子どもを導くための指標になります。

7　他教科等と連動させて育てる力

●総合と社会科は相互関係

「総合的な学習の時間」は，自ら課題を設定して探究していく問題解決型です。社会科と非常によく似ていますが，社会科と総合とでは「入り口と出口が違う」という言い方をよくします。総合の入り口は個々の子どもの課題。環境や国際理解といった大きなテーマでも，子ども自らが出発点です。社会科の場合は，子ども自らが問いや予想をもつのですが，理解目標につながらない疑問を追究させることは妥当とはいえません。ですから総合の場合は，「自ら課題を見つけ，その課題解決はエンドレス」という図式で解説に書かれています。

社会科の場合は，子ども一人一人が問いをもって問題解決を主体的に行うのですが，理解目標がありますから，ゴールゾーンが定まっている。ここが社会科と総合の違いですが，途中過程の中で主体的に問題解決をしていく学習を構成する論理は同じです。

●場面によって道徳で育てるものを意識

社会科と道徳はもともと共存関係でした。社会科の目標に，道徳的な態度や情緒につながることが書かれている点はいまも変わっていません。しかし，「内容の理解が必要である」ことは道徳との違いとして明確にしておかないといけません。全教科を通じて行う道徳教育を考え，社会科の指導をするときにも，道徳で育つ子ども像をイメージして意図的に指導することは大切です。例えば，「伝統や文化を受け継いでいこう」「自然環境を大事にしていこう」といったことは道徳とつながってくるでしょう。社会科で学んだことを社会生活に生かそうとする態度には，論理的思考をもとに理解したことと，「私も大切にしたい」「未来にも残したい」という情緒的な受けとめが非常に重要になってきます。論理と情緒が合わさって社会生活に生かそうとする態度として表出されてきます。このように理解すれば，必要な場面で道徳で育てるものを意識しながら指導することは大事だと思えるはずです。

●特別活動と社会科の評価はリンクする？

特別活動では，身近な問題を解決するために行動に表す必要があります。行動に生かそうとする態度や市民性などは，社会科でも多く学びます。社会科の学びを実践行動につなげている姿が確認できたら，態度としては「十分満足できる状況」（A）評価をつけるという考え方もあると思います。しかし，社会科の指導は，行動化を必ずゴールとしているのではありません。例えば，「節水や安全への協力活動」では，多少なりとも行動化につながる反応が出てきますが，地理的・歴史的な内容で行動化を求めると苦しいことになります。内容や発達段階を踏まえて，子どもに期待する学び，すなわち「おおむね満足できる状況」（B）の姿をきちんと定めないと，授業自体に無理が生じてくる可能性があります。

モデル授業 I

言語活動の充実と授業づくり

第3学年 火事からくらしを守る

明確な問題意識をもち，調べた事実や情報をもとにその理由を考え表現する

平川　公明　つがる市立柏小学校

1　小単元の目標

火災から人々の安全を守る消防署の仕事に関心をもち，火災に備える仕事や消防施設，火災が発生した時の対処などについて調べ，迅速に消火活動を開始するための工夫や努力を考えるようにする。

2　小単元の評価規準

社会的事象への 関心・意欲・態度	・火災から人々の安全を守る消防署の仕事に関心をもち，それを意欲的に調べている。 ・迅速に消火活動を開始するための工夫や努力について考えようとしている。
社会的な 思考・判断・表現	・火災から人々の安全を守る消防署の仕事から学習問題や予想，学習計画を考え表現している。 ・迅速に消火活動を開始するための工夫や努力について，私たちのくらしの安全と関連づけて思考・判断したことを適切に表現している。
観察・資料活用の 技能	・火災に備える消防署の仕事や消防施設，火災が発生した時の対処などを見学したり，調査したりして具体的に調べ，必要な情報を集めて読み取っている。 ・調べたことを記事カードや絵本に整理してまとめている。
社会的事象について の知識・理解	・火災から人々の安全を守るための消防署の働きと，迅速に消火活動を開始するための工夫や努力を理解している。

3　実践のポイント

・児童の考える力を育てるために，「なぜ，消防署の人は5分で火を消し始めることができるのだろう」という明確な問題意識をもたせ，調べた事実や情報をもとにその理由を考え表現する言語活動（絵本作り）を設定した。

・調べたことや考えたことを相手にもわかるよう説明させるために，「絵本を作って次の3年生にプレゼントし，勉強の参考にしてもらおう」という具体的な目的意識・相手意識をもたせた上で言語活動に取り組ませた。

・調べたことや考えたことを分類・整理し児童の言葉でまとめさせるために，それぞれが書いた記事カードを仲間分けし，中表紙の言葉を考え目次を作る活動を設定した。

・お互いの考えを深め合いながら学習を進められるよう，グループ協同での絵本作りとした。

❹ 図解

＊学習前の子どもの見方や考え方	もし，学校で火災が発生したら，119番通報から消火活動開始まで10分くらいかかるだろう。	
【意外な事実との出会い】	↓	えっ！そんなに速いの!?
【単元の学習問題の発見】	なぜ，消防署の人は5分で火を消し始めることができるのだろう。	明確な問題意識をもたせる
【言語活動に対して見通しをもつ】	「なぜ消防署の人は5分で火を消し始めることができるのか」という題名の絵本を作って次の3年生にプレゼントし，勉強の参考にしてもらおう。	具体的な目的意識・相手意識をもたせる
【予想】	「たぶん，〜だからじゃないかな。」	消防署に行ってみたい！
【見学・調査】	「消防署に見学に行って調べてみよう！」	

↓　グループ協同で言語活動に取り組ませる

【調べた事実や情報から考える】	「5分で火を消し始められる秘密は何だろう？」	
【調べ考えたことを表現する】	「見つけた秘密を記事カードに書こう！」	
どう書いたら，わかりやすい説明になるかな？		
【調べ考えたことを整理する】	「どのカードとどのカードが仲間になるかな？」 「この仲間をどんな言葉でまとめればよいだろう？」 「目次と中表紙を作って，絵本を完成させよう！」	調べたことや考えたことを分類・整理し児童の言葉でまとめさせる
やった！完成だ！		
【評価し合う】	「ほかのグループはどんな絵本を完成させたのだろう？」	
【まとめる】	「なぜ，消防署の人が5分で火を消し始められるかというと…」	

❺ 指導計画（全10時間）

	学習活動	主な評価規準	主な資料	時数
第一次	・公衆電話から110番や119番通報する手順を調べ，なぜ硬貨・カードを不要にしているのか考える。 ・もし学校で火災が発生したら，119番通報から何分で消防署の人は消火活動を開始できるのか予想する。 ・消防署の人へのインタビューVTRを視聴し，学習問題を設定する。 　なぜ，消防署の人は5分で火を消し始めることができるのだろう。 ・予想を立てる。	・火災から人々の安全を守る消防署の仕事に関心をもっている。（関心・意欲・態度） ・火災から人々の安全を守る消防署の仕事について，学習問題や予想を考えノートに記述している。（思考・判断・表現）	・学校の公衆電話の写真 ・時間で見る火災の成長 ・弘前市の火災被害 ・消防署の人へのインタビューVTR	1
第二次	・消防署を見学する。	・火災から人々の安全を守る消防署の仕事について意欲的に調べている。（関心・意欲・態度） ・学習問題を考えるために必要な情報を集め，メモしている。（技能）		2
第三次	・グループで話し合い，見学したり資料を調べたりしてわかったことの中から5分で火を消し始めることができる秘密を見つける。 ・グループ内で分担し合って，5分で火を消し始めることができる秘密を記事カードに表現する。	・火災に備える仕事や消防施設，火災が発生した時の対処などから，迅速に消火活動を開始するための工夫や努力を考え，記事カードに表現している。（思考・判断・表現）	・見学の様子を記録したVTR ・学校が火災になった際の出動計画 ・消防署で働く人の一日 ・学校周囲の防火設備	3
第四次	・学校からの119番通報が一番近い消防署ではなく遠くにある弘前消防署につながるという事実を資料から読み取る。 ・なぜ全ての119番通報が弘前消防署につながるようにしているのか予想を立てる。 ・119番通報から出動指令が出されるまでのロールプレイングをして予想を確かめる。	・火災発生時の通信指令体制について学習問題や予想を考えノートに記述している。（思考・判断・表現） ・ロールプレイングを振り返り，通信指令体制を一本化している理由を考え，ノートに記述している。（思考・判断・表現）	・弘前市内の各消防署の位置 ・119番通報があった時の連絡体制 ・各消防署の消防車の台数 ・ロールプレイングの台本	2
第五次	・グループで話し合いながら，記事カードを仲間分けし目次と中表紙を作る。	・記事カードを消防署の人の工夫や努力の視点から仲間分けし，それぞれをどのような言葉でまとめればよいか考え，表現している。（思考・判断・表現）		1 本時
第六次	・絵本を完成させて，他のグループのものと読み比べる。 ・なぜ消防署の人は5分で火を消し始めることができるのか，まとめの説明文を書く。 　消防署で働く人は，いつでも出動できるように準備・訓練をしている。また，むだな時間がないようにしたり，一つの場所で通報を受けてそこから指令を出すようにしたりしているので，5分で火を消し始めることができる。	・火災から人々の安全を守るための消防署の働きと，迅速に消火活動を開始するための工夫や努力を理解している。（知識・理解）		1

6　第9時の指導案

（1）本時の目標
　グループで書いた記事カードを消防署の人の工夫や努力の視点から仲間分けし，それぞれの仲間をどのような言葉でまとめればよいか考え，絵本の目次と中表紙を作ることができる。

（2）展開

学習活動	指導上の留意点・評価規準
1　2つの目次の例を比べて気付いたことを発表する。 ・Aの目次よりもBの目次の方がわかりやすいね。 ・Aはそれぞれの記事がばらばらだけど，Bは似たような記事が第1部・第2部というようにまとまっている。 ・わたしたちもBと同じように記事カードを仲間分けして絵本を作った方がいいと思う。 2　本時の学習課題を設定する。	・教師がA（記事カードをばらばらに並べただけの目次）とB（記事カードを分類・整理した目次），2つの例を作成し提示する。 ・2つの目次の例は，前単元の学習内容をもとにして作成する。
記事カードを仲間分けして，絵本の中表紙と目次を作ろう。	
3　数枚の記事カードを黒板に提示し，仲間になりそうなカードがないか考えさせる。 ・「消防車の中にいろいろな道具を入れて」というカードと「タンク車に水を積んでおく」というカードは，どちらも準備だから同じ仲間にしてもいいんじゃないかな。 ・理由はうまく言えないけれど，「電話中に出動」と「消防車の中で着替えをしている」のカードは似ていると思うよ。	・数枚の記事カードをあらかじめ教師が選び，拡大コピーしておく。 ・「なぜ消防署の人は5分で火を消し始めることができるのか」という絵本の題名を確認し，消防署の人の工夫や努力の視点から仲間分けするよう指導する。
4　グループごとに自分たちが書いた記事カードを仲間分けする。 ・「電話中に出動」と「消防署の中で着替えをしている」は，どちらも時間の節約だと思う。 ・「各部屋から車庫へ一直線に進めるようにしているから」というカードも「時間を節約しているから」の仲間に入るのでは。 ・「準備しているから」の仲間には，「夜中も消防署で仮眠」というカードも入るよ。 ・この仲間は，どんな言葉でまとめればよいかな。 ・あのグループは，ぼくたちのグループと同じ言葉でまとめていたよ。 ・この仲間とこの仲間をくっつけて，大きな仲間にしてもいいんじゃないかな。 5　グループで分担して目次と中表紙を作る。	・仲間分けしながら，それぞれの仲間をどのような言葉でまとめればよいか考えるよう指示する。 ・まとめる言葉を考える時は，必ず「〜から」という形にするよう指導する。 ・話し合いが滞っているグループには，仲間になりそうなカードをいくつか指摘して，どうしてそれらが仲間になるのかその理由を考えさせる。 ・途中で情報交換の時間を設定し，互いのグループの状況を見合い参考にさせる。 ・本時の導入で提示した目次を参考にして，グループの絵本の目次を作成させる。 評 記事カードを消防署の人の工夫や努力の視点から仲間分けしそれぞれをどのような言葉でまとめればよいか考え，表現している。（思考・判断・表現）

7　児童の学習の様子

（1）記事カード

児童は，「なぜ，消防署の人は5分で火を消し始めることができるのだろう」という明確な問題意識をもって意欲的に見学・調査を行った。そして，各グループ（3～4名）平均12枚の記事カードを書くことができた。また，以下の資料からもわかるとおり，3年生の児童なりによく考え，相手を意識して表現した記事を書いていた。

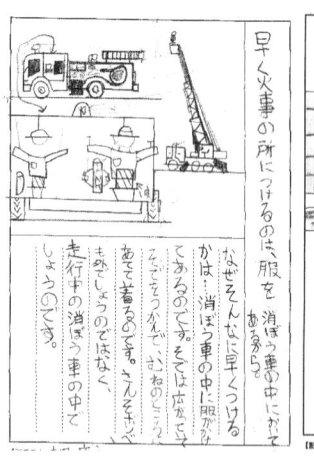

図1　児童が作成した記事カードの例

表1　記事カードの記述の例

「レスキュー車のどうぐ」
　レスキュー車の中には，どうぐがいっぱい入っています。その理由は，火事やじこの場所に早くつくために入っています。どうぐが入っていればすぐ出かけられる。それが理由です。

「毎日のくんれん！」
　毎日くんれんは2回あります。なぜ，2回もやるかというと，早く行けると火事がひろまらないから，くんれんを毎日してがんばっているのだと思います。

「電話をしている時はもうしゅつどうしている！」
　消ぼうしょの人たちは，火事の電話を聞きながらじゅんびをしている。だから，早く火事げんばにつき火を早く消せる。

「ひとつにまとめているからごちゃごちゃしない！？」
　119番は1つ（弘前消ぼうしょ）にまとめているから，ごちゃごちゃしないでいろいろな所からしゅつどうしているから，早く行けるのです。

（原文のまま）

（2）絵本の目次

最初は仲間分けの視点がなかなか考えられず苦労する場面も見受けられたが，グループで協力し最終的には目次を完成させることができた。また，以下の資料からもわかるとおり，「準備」「訓練」「時間の節約」など適切な言葉を用いながら，断片的な知識を構造的に整理しまとめることができた。

図2　児童が作成した目次の例

表2　各グループの章立ての例

1 班		2 班	
第1部	てんけんしているから	第1部	じゅんびをしているから
第2部	じゅんびをしているから	第2部	くんれんしているから
第3部	べんりな地図を出しているから	第3部	時間のせつやくをしているから
第4部	時間のせつやくをしているから	第4部	使いやすくしているから
		第5部	一つのところにれんらくとしれいをしているから

3 班		4 班	
第1部	時間のせつやくをしているから	第1部	じゅんびしているから
第2部	じゅんびしているから	第2部	時間のせつやくをしているから
第3部	くんれんしているから	第3部	地図を見て行動しているから
第4部	その他		

5 班		6 班	
第1部	くんれんしているから	第1部	じゅんびをしているから
第2部	じゅんびしているから	第2部	時間の節約をしているから
第3部	放送しているから	第3部	毎日くんれんをしているから
		第4部	ごちゃごちゃしないようにしているから

（原文のまま。紙幅の都合上7～10班の記述を省略）

第2章　社会

8　実践についての考察

（1）実践で確かめられたこと

① 「なぜ？」という明確な問題意識をもたせ言語活動に取り組ませることで，児童は意欲的に見学や調査に取り組み，進んでその理由を考えるようになることがわかった。

② 具体的な目的意識・相手意識をもたせ言語活動に取り組ませることで，調べたことや考えたことを相手にもわかるように説明しようと，児童は進んで内容や表現を工夫・検討するようになることがわかった。

③ 記事カードを分類・整理し目次を作る活動は，断片的な知識を構造化し自分の言葉でまとめさせるために有効であることがわかった。

④ 「学習後の感想」からも明らかなとおり，グループ協同で一つの作品を作る言語活動が，一人一人の考えを深める上で有効であることがわかった。

表3　学習後の感想

さいしょはぜんぜんできていなかったけれど，だんだんになれてきてできるようになってきた。もくじを書くのもつかれました。もくじで「じゅんびしているから」とかかんがえるとき，みんなでやってやっと思いつきました。
わたしは，1番さいしょよく分からなくてぜんぜんできていなかったけど，みんなで話し合ってから，ちゃんと記事カードを書けてよかったです。とちゅう，やることがなくなってこまっていた。でも，みんな（8ぱんの）が，いけんを出し合ったからできたと思った。
消ぼうしょのことを絵本にまとめるのは，ちょっとむずかしかったけど，みんなでがんばったから早くできました。楽しかったです。
絵本作りは，調べるのはたいへんだったけど，みんなで（はんの）やってすごく楽しかったです。来年の3年にわかればいいなと思います。

（原文のまま）

（2）今後の実践で更に工夫したいこと

① 本単元ではグループ協同で言語活動に取り組ませましたので，授業中の観察と記事カードの記述からだけでは，一人一人の思考の変容を評価することがむずかしかった。グループで活動している際に一人一人の思考・判断・表現をどのように評価すればよいか，今後更に工夫していきたい。

② 互いの考えや表現をグループ内で検討し合い高め合う場は設定できたが，グループの枠を超えて検討し合う場はあまり設定できなかった。そのため，内容・表現が適切でない記事カードも中には見られた。今後改善を図っていきたい。

澤井陽介 教科調査官による ワンポイントアドバイス

考える力，調べたことや考えたことを表現する力を育てることが，社会科の能力に関する目標に示されている。このことは，言語活動の充実と深い関係がある。その実現のためには，①調べた事実や情報をもとに（比べたりつなげたりして）考えること，②調べたことや考えたことを相手にもわかるように説明すること，③考えたことを自分の言葉でまとめ伝え合うことにより，お互いの考えを深めること。こうしたことが重視される学習が大切であり，そのことを子どもの言葉と理解の関係に着目して具体的に提案していただいた。

モデル授業Ⅱ

考える力を育てる教材と授業づくり

第4学年 わたしたちの北海道を開いた人々

調べ学習を通して地域社会に対する誇りと愛情を育む

牧野　宜英　札幌市立手稲宮丘小学校

① 小単元の目標

小樽北防波堤を見学，調査し，北海道の発展が人々の願いや努力，廣井勇の働きや苦心によるものであることを考えるようにする。

② 小単元の評価規準

社会的事象への関心・意欲・態度	・北海道の人々の生活の歴史的な背景や発展を願ってきた人々の生き方に関心をもち意欲的に調べている。 ・北海道のこれからのよりよい発展を考えようとしている。
社会的な思考・判断・表現	・北海道の発展に尽力した廣井勇の働きや苦心について学習問題や予想，学習計画を考え表現している。 ・北海道の人々の願いや生活の向上と廣井勇の働きや苦心とを関連づけて考え，適切に表現している
観察・資料活用の技能	・資料館などを観点に基づいて見学するなど廣井勇の働きについて必要な情報を集めている。 ・調べたことを年表や作品などに整理してまとめている。
社会的事象についての知識・理解	・小樽北防波堤の役割やそれを作った廣井勇の考えを理解している。 ・北海道の人々の生活の変化や向上が人々の願い，努力や廣井勇の働き，苦心によるものであることを理解している。

③ 実践のポイント

・これからの社会科のキーワードは参画である。参画は「自分と社会とのつながりを知り，社会とのつながり方を考えること」ととらえる。この社会とのつながり方を子どもにとらえさせる際の教材化の視点を「公共性」「地域性」「持続可能性」と考え，授業を構想した。

・今回は「小樽北防波堤」をつくった「廣井勇」を教材化し，その教材構造を「公共性＝防波堤をつくる技術の進展」「地域性＝物流の拠点」「持続可能性＝北海道の発展」と考えた。

・廣井勇の働きや苦心に迫るために，本時の学習問題を「頑丈な小樽北防波堤をつくるために，どのような工夫をしたのだろう」と設定した。実験や調査・研究を続ける「継続」というキーワードを導き，不断の努力が防波堤をつくったことを理解できるようにした。

・「頑丈な小樽北防波堤が北海道の発展を支えていた」という根拠を資料で提示した。子ど

もの意見を数字で裏付けることにより，見方や考え方を育てようと考えた。
・調べ学習で分かったことを年表に表していく活動を通して，世界初の外洋防波堤が北海道の発展を支えていたことを理解できるようにし，地域に対する誇りや愛情を育むようにした。

❹ 教材の構造

　本実践では公共性を「技術の伸展」，地域性を「小樽と北海道の関係」，持続可能性を「北海道の発展」とおさえ，廣井勇の営みを中心に取り上げ「小樽北防波堤」を教材化した。明治時代，西洋に追いつこうとしていた日本において「港」の果たす役割は大きく，明治政府は港の整備を急いで行っていた。しかし横浜を始め，お雇い外国人をしても日本の海に合う防波堤をつくることは難しく，港づくりは難航していた。当時の小樽は札幌の開拓使に近い港として，北海道の人や物の流通の拠点であった。しかし，冬になると小樽港に出入りする船舶数は激減した。季節風の北風による大波が小樽港を襲い，多くの船や陸上の施設が大きな被害を受けたためである。防波堤の建設は人々の生活を守る上でも必要とされていた。この状況を改善するために尽力したのが初代小樽築港事務所長の廣井勇である。

　今回は，防波堤という公共物の重要性をおさえ，そこから「小樽」「北海道」という地域性を明らかにしていった。当時の北海道は日本の近代化を支える重要な石炭の供給地であり，日本の食糧生産地としての期待も大きかった。その石炭や食料の輸送・輸出を支えたのが小樽港である。そして今でも北海道は日本の食糧供給地としての役割を担っている。

　このように，公共性に含まれる地域性を明らかにすることで，小樽港が小樽の発展はもとより北海道の発展，ひいては日本の発展を支えていたことが浮き彫りになる。港を支えているのは廣井が確立した高い技術であり，その技術をもって廣井は北海道を皮切りに日本全国の港を整備していく。そして現在でも海に囲まれた日本は輸入の99パーセント（重量比）を港に頼っている。防波堤のもつ働きはとても大きいのである。故に北海道から始まった廣井の取り組みは現在においても大きな価値があり，これからの日本の発展を支えるものである。これが防波堤のもつ「持続可能性」である。防波堤は子どもの生活に大きなかかわりをもつのである。このように今（過去を含む）を知り，自分と社会とのこれからのかかわり方を考え，判断することで子どもの社会参画する力を高めていく。

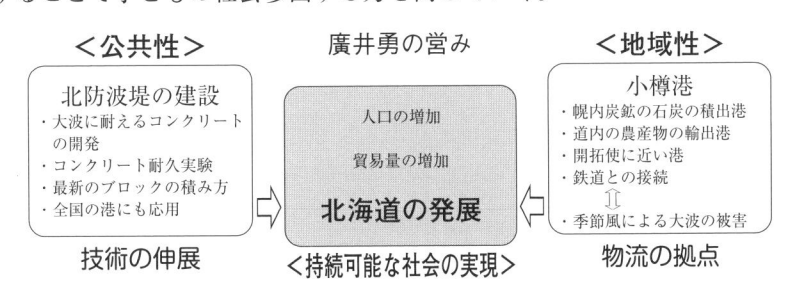

```
       <公共性>        廣井勇の営み       <地域性>
      北防波堤の建設                       小樽港
   ・大波に耐えるコンクリート  人口の増加   ・幌内炭鉱の石炭の積出港
     の開発                              ・道内の農産物の輸出港
   ・コンクリート耐久実験    貿易量の増加  ・開拓使に近い港
   ・最新のブロックの積み方                ・鉄道との接続
   ・全国の港にも応用       北海道の発展   ・季節風による大波の被害

       技術の伸展      <持続可能な社会の実現>     物流の拠点
```

5　指導計画

評 は評価規準の主なもの

	子どもの主な活動		子どもの主な活動
港の役割って何？（1時間）	これはどこかな？ 1987(明治30)年 昔の小樽の写真 ⇒ 現在の小樽港の写真 港の役割とは？ 輸入するものの99％は港から！ 小樽の人口　約5万人⇒約13万人 北海道の人口　約78万人⇒約550万人 小樽港の取り扱い物流量のグラフ 港が北海道の発展を 評 地域の発展には港が欠かせないことを理解している。知	人々の願い（1時間）	どうして廣井勇は小樽北防波堤をつくったのだろう 小樽のため ・大波の影響 →冬場の船舶 →民家への津波 北海道のため ・石炭を全国へ ・食料を全国へ ・輸出入を小樽で 小樽の人々や北海道の発展のために北防波堤は必要だったんだね 評 地域の人々の願いと廣井勇の働きとを関連づけて考え，発言している。思
小樽北防波堤の秘密を探ろう（2時間）	小樽北防波堤の秘密を探ろう！ 小樽港を管理している小樽築港事務所の所長さんの話 北防波堤をつくった人 私たちは初代所長の「廣井勇」から受け継いだ伝統や文化を大切にして小樽の港を守っています。 小樽北防波堤は100年以上経っても全く壊れていない！！ 廣井勇　徹底調査！ ＊調べてわかったことを年表にまとめる 廣井勇　年表 1862年　高知県に生まれる 1877年　札幌農学校に入学 1883年　アメリカに渡る 1889年　札幌農学校の教授となる 1893年　小樽築港事務所の所長となる 1897年　小樽北防波堤の工事が始まる 　　　　　　　　︙ 1908年　小樽北防波堤完成 　　　　　　　　︙ 評 北海道の発展に尽くした廣井勇の生き方に関心をもち意欲的に調べ学習を行っている。関 評 地図やグラフを使いながら年表に廣井勇の足跡をまとめている。技	廣井勇の苦心（1時間）＊本時	頑丈な防波堤をつくるために，廣井勇はどのような工夫をしたのだろう 実験 ・6万個 ・火山灰 ・各地から 継続 調査・研究 ・最新技術を学ぶ ・斜めに積む 実験や研究を続けるという不断の努力があったからこそ100年経ってもびくともしない防波堤をつくることができたんだね 評 北海道の発展と廣井勇の働きとを関連づけて考え，自分の考えをノートにまとめている。思 評 北海道の発展が廣井勇の働きによるものであることを理解している。理
		小樽北防波堤レポートを作ろう（1時間）	学んだことをレポートにまとめよう 小樽北防波堤レポート ○小樽北防波堤が北海道の発展を！ 貿易量の伸び 防波堤ができる前 ⇒ 完成後 "約3倍" ○小樽の観光を支える廣井勇 小樽の運河を造ったのも廣井勇 "今でも重要な観光資源" 評 北海道の発展を喜ぶとともに，これからの北海道の更なる発展を願っている。関 評 北海道の発展をグラフなどを使い，根拠を明らかにしてまとめている。技

❻ 本時の指導案（5／6時間）

（1）本時の目標
　頑丈な防波堤をつくるための廣井勇の営みを考えることを通して，廣井の働きや苦心と北海道の発展を関連づけて考え表現ができるようにする。

（2）本時の学習活動

子どもの意識と学習活動	留意点と評価
前時までの子どもの姿 　小樽北防波堤や廣井勇について調べ学習を行い，年表にまとめている。 横浜港 ←比較→ 小樽港 頑丈な防波堤をつくるために，廣井さんはどのような工夫をしたのかな 【造り方】 ・試験用のコンクリート60000個 ・全道各地から材料を ⇒実験の継続 【積み方】 ・ブロックを斜めに ・コロンボ港の調査に部下を派遣 ⇒調査・研究の継続 **継続** 実験や研究を続けるという不断の努力があったからこそ，100年たっても壊れない防波堤をつくることができたんだね 小樽や北海道はどのように発展したのかな？ 資料1［小樽港への入港船舶トン数］　明治30年 210万t ／ 41年 640万t 資料2［北海道の人口］　明治30年 78万 ／ 41年 139万 北海道の発展を小樽北防波堤が支えていたんだね	○お雇い外国人が最新の技術をもってしても頑丈な防波堤をつくるのが難しかった事実と100年以上たっても損傷のない北防波堤を比較することで問いを生む。 評 発言の内容やノートの記述から「廣井勇の工夫や努力についてこれまでの学習経験を生かして考えることができたか」を評価する。思 ○「50年間は実験を続けるように」という廣井勇の言葉から「続ける」ことの大切さを浮き彫りにする。 ○地域の発展を具体的なデータで示し，科学的に吟味する。 評 発言の内容やノートの記述から「廣井の働きと北海道の発展を関連づけて考え説明できたか」を評価する。思

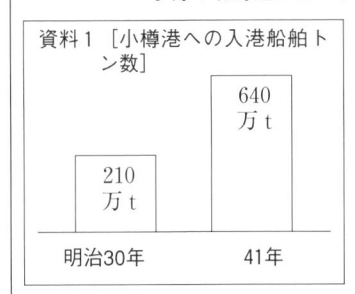

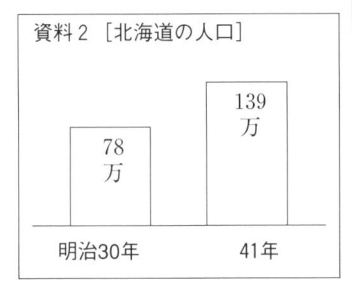

7　児童の学習の様子

（1）見学時の学習カード

　現地学習は「問題をつかむため」「調査するため」「学んだことを確認するため」など，さまざまな目的で行われる。今回は学習のまとめとして現地学習を行った。

　廣井勇について理解を深めた子どもは「世界初の外洋防波堤」「100年たっても壊れていない防波堤」「北海道の発展を支えた防波堤」である小樽北防波堤に対して誇りや愛情をもって見学していた。

（2）話し合い活動の実際

＊当時の横浜港と小樽港の様子をICTを活用し比較する

C：横浜の港はコンクリートがぼろぼろだ

C：小樽の防波堤は今でもなんともない

T：当時のお雇い外国人でも防波堤づくりに失敗していたんだよ

C：小樽北防波堤ってすごいね

頑丈な防波堤をつくるために，廣井さんはどのような工夫をしたのかな

C：さまざまな場所からコンクリートの材料を集めたんだよ

C：火山灰をコンクリートに混ぜて強くしたんだよ

C：それまでのコンクリートより時間をかけてつくっているよ

C：最新の技術でつくられているコロンボ港を参考にしているよ

C：ブロックを斜めに積んでいるよ

C：実験用のコンクリートを6万個つくったんだよ

T：どうして6万個も必要なの

＊6万個から「継続」というキーワードを導く

C：たくさんあれば実験をたくさんできる

T：1回の実験にたくさん使うの？それとも長い期間，実験を続けるためなの？

C：実験を続けるためにたくさんつくった

T：廣井さんは「50年以上は実験を続けるように」と言ったんだよ

C：実験を続けたからこそ，頑丈な防波堤をつくることができたんだね

＊北防波堤ができる前と出来た後の北海道の人口と小樽港への入港船舶トン数を提示し，北

防波堤と北海道の発展をつなげる
C：人口が倍ぐらいになっている今ではもっと多いよね
C：小樽港の船の数は3倍ぐらいになっている
C：小樽北防波堤のおかげで，小樽だけでなく北海道も発展したんだね

> 北海道の発展を小樽北防波堤が支えていたんだね

8　実践についての考察

（1）実践で確かめられたこと

・世界初の外洋防波堤が身近な地域にあり，現在でも現役で使用されている事実は，地域に対する誇りと愛情を育てるに十分な素材であった。

・地域の発展をどのように押さえるかが大切。今回は人口・貨物量の変化で押さえた。グラフや表など根拠をデータで示し，見方や考え方を育てる必要がある。

・実験を続ける大切さを廣井勇の「コンクリート実験は50年以上続けるように」という言葉から裏付けることができた。50年以上という言葉から廣井勇の思いに迫る本時を構築することも考えられる。

・問いを生むために横浜港と小樽港の比較を行う時やコンクリートブロックを斜めに積むよさを確認するためにICTを活用した。写真の比較から子どもは見事に問いを生んでいた。

（2）今後の実践で更に工夫したいこと

・北海道の発展を人口・貨物量の変化で押さえたが，実感に乏しい面も見られた。小樽港から入ってきている身近な生活品を提示する等，子どもの実感を高める工夫が必要である。

・本実践では板書を「コンクリートの造り方」と「ブロックの積み方」に分けて構造化した。その他にも北海道地図をベースにして，図的な板書で表すことも考えられる。

澤井陽介 教科調査官による ワンポイントアドバイス

　社会科は内容を通して目標を実現する教科である。単元のねらいを確かに実現するためには，学習内容を左右する教材が重要である。教材には子どもに社会的事象をどのように見せるかという教師の意図，すなわち「教材化の視点」が必要だ。教師はまず教材化の視点をどのようにもち，教材の構造をどうとらえ，それをどのような手立てや手順（学習問題，資料，学習過程）で子どもにとらえさせていくか。この点について，明確な提案のある実践である。

モデル授業Ⅲ
確かな評価と授業づくり

第6学年 復興へ動く国・県・市

国民生活の安定と向上を図る国の政治の働きについて考え表現する

坂田　大輔　徳島大学

1 単元の目標

　東日本大震災からの復旧・復興を事例として，国民生活には地方公共団体や国の政治の働きが反映していることを調べ，国民主権と関連づけて，政治は，国民の願いを実現し，国民生活の安定と向上を図るために大切な働きをしていることや，現在の我が国の民主政治は日本国憲法の基本的な考え方に基づいていることを考えることができるようにする。

2 単元の評価規準

社会的事象への関心・意欲・態度	・東日本大震災からの復旧・復興にかかわる陸前高田市や岩手県，国の政治の働きに関心をもち，意欲的に調べている。 ・日本国憲法に基づく我が国の政治の働きを考えようとしている。
社会的な思考・判断・表現	・東日本大震災からの復旧・復興にかかわる陸前高田市，岩手県や国の政治の働きについて，学習問題，予想，学習計画を立て表現している。 ・既習内容を根拠に，4/1に防災服をやめた政府の判断に賛成できるかどうか，自分の主張をつくっている。 ・国民主権と関連づけて，政治は，国民の願いを実現し，国民生活の安定と向上を図るために大切な働きをしていることや，現在の我が国の民主政治は日本国憲法の基本的な考え方に基づいていることを考え表現している。
観察・資料活用の技能	・広報他の資料を活用して，東日本大震災からの復旧・復興にかかわる陸前高田市，岩手県や国の政治の働きについて，自分が予想した視点から必要な情報を集め，読み取っている。 ・自分が予想した視点から，調べたことを色画用紙にまとめている。
社会的事象についての知識・理解	・国民生活には，地方公共団体や国の政治の働きが反映していることを理解している。 ・国民の願いや，願いを実現するために政治が果たしている役割について理解している。

3 実践のポイント

　子どもの主体的な学びをつくり出すために，授業の導入で社会科日記を活用する。

　「社会科日記」は，学びによって高まった自分，子どもの自己評価である。教師は次の指導・支援の手立てを考えるために活用する。「社会科日記」は，授業の終末5分で書かせるようにする。複数の書き出しを示し，自分に当てはまる書き出しを選んで書くことができるようにする。本時の目標や子どもの実態に合わせて，提示する書き出しは変える必要がある。

　活動の様子と合わせて評価するが，「おおむね満足できる」状況と判断できない場合は，朱書きや対話により指導・支援を行う。

第2章　社会

④ 指導と評価の計画（全8時間）

過程	ねらい［第○時］	主な学習活動・内容	資料	評価方法と【評価規準】
学習問題をつかむ	陸前高田市における東日本大震災からの復旧・復興に関心をもち，陸前高田市では，なぜ早くから復興に向けて動くことができたのか考えようという学習問題をつかみ，予想をもとに学習計画を立てることができるようにする。［①］	陸前高田市消防団員の撮影した津波映像や，陸前高田市空撮映像を視聴した後，臨時広報「りくぜんたかた」3/20についての疑問を出し合って学習問題をつくり，予想をもとに学習計画を立てる。	東北地方の地図 陸前高田市消防団員の撮影した津波映像 陸前高田市の空撮映像 臨時広報「りくぜんたかた」3/20 3/19仮設住宅建設，市役所，戸羽市長等の写真	発言内容，及び社会科日記の記述内容から，「陸前高田市では，なぜ早くから復興に向けて動くことができたのか考えようという学習問題をつかみ，予想をもとに学習計画を立てることができたか」を評価する。 【関-①】【思-①】
調べる	広報等の資料をもとに，自分が予想した視点から，復旧・復興への動きについて調べることができるようにする。［②］	予想をもとに，陸前高田市，岩手県，国のグループに分かれて，広報等の資料を活用して，復旧・復興への動きについて調べる。	資料見出し一覧 臨時広報「りくぜんたかた」 「いわて復興だより」 岩手県からの要望書 復興に向けた基本方針について 災害救助法について 菅内閣の一週間 民主党広報 復興基本法について 補正予算について 復興への提言	ノートへの記述をもとに，「広報他の資料を活用して，東日本大震災からの復旧・復興にかかわる陸前高田市，岩手県や国の政治の働きについて，自分が予想した視点から必要な情報を集め，読み取ることができたか」を評価する。 【技-①】
	陸前高田市，岩手県，国のグループに分かれて，自分が予想した視点から調べたことを色画用紙にまとめることができるようにする。［③］	ノートや広報他の資料をもとに，自分が予想した視点から調べたこと，復旧・復興への動きを色画用紙にまとめる。	ノート 上記の資料	色画用紙への記述から，「自分が予想した視点から，調べたことを色画用紙にまとめることができたか」を評価する。 【技-②】
考え・まとめる	まとめたことを発表し合い，陸前高田市，岩手県，国の復旧・復興への動きのつながりについて考え，国民生活には，地方公共団体や国の政治の働きが反映していることを理解できるようにする。［④］	まとめたことを発表し合い，陸前高田市，岩手県，国の復旧・復興への動きのつながりについて考える。	各グループがまとめた色画用紙	発言内容及び，ノートや社会科日記の記述内容から，「国民生活には，地方公共団体や国の政治の働きが反映していることを理解できたか」を評価する。 【知-①】

過程	ねらい［第○時］	主な学習活動・内容	資料	評価方法と【評価規準】
	陸前高田市では，なぜ早くから復興に向けて動くことができたのか考え，国民の願いや，願いを実現するために政治が果たしている役割について理解できるようにする。［⑤］	前時の学習内容を想起しながら，陸前高田市では，なぜ早くから復興に向けて動くことができたのか考える。	各グループがまとめた色画用紙 前単元で子どもたちが作成した日本国憲法と政治についての表現物 戸羽市長の写真 4/4付の朝日新聞の記事	発言内容や，ノート及び社会科日記の記述内容から，「国民の願いや，願いを実現するために政治が果たしている役割について理解できたか」を評価する。【知-②】
	陸前高田市と国の復旧・復興に向けての動きのずれに目を向け，4/1に防災服をやめた政府の判断に賛成できるかどうか，自分の主張をつくることができるようにする。［⑥］	4/1に防災服をやめた政府の判断に賛成できるかどうか，自分の主張をつくる。	4/4付の朝日新聞の記事 ノート 各グループがまとめた色画用紙 前単元で子どもたちが作成した日本国憲法と政治についての表現物	ノート及び社会科日記の記述内容から，「既習内容を根拠に，4/1に防災服をやめた政府の判断に賛成できるかどうか，自分の主張をつくることができたか」を評価する。【思-②】
考え・まとめる	4/1に防災服をやめた政府の判断に賛成できるかどうか伝え合う過程で，国民主権と基本的人権の尊重という2つの観点から，国民生活の安定と向上を図る国の政治の働きについて考え表現することができるようにする。［⑦ 本時］	4/1に防災服をやめた政府の判断に賛成できるかどうか伝え合う。	4/4付の朝日新聞の記事 ノート 各グループがまとめた色画用紙 前単元で子どもたちが作成した日本国憲法と政治についての表現物	発言内容や社会科日記の記述内容から，「国民主権と関連づけて，政治は，国民の願いを実現し，国民生活の安定と向上を図るために大切な働きをしていることや，現在の我が国の民主政治は日本国憲法の基本的な考え方に基づいていることを考え表現できたか」を評価する。【思-③】
	本単元で学習したことを振り返り，国民主権と関連づけて，政治は，国民の願いを実現し，国民生活の安定と向上を図るために大切な働きをしていることや，現在の我が国の民主政治は日本国憲法の基本的な考え方に基づいていることを考え表現できるようにする。［⑧］	前時に学習したことを振り返り，再度，陸前高田市では，なぜ早くから復興に向けて動くことができたのか考える。	前時の板書を掲載したワークシート ノート 各グループがまとめた色画用紙 前単元で子どもたちが作成した日本国憲法と政治についての表現物	発言内容や社会科日記の記述内容から，「国民主権と関連づけて，政治は，国民の願いを実現し，国民生活の安定と向上を図るために大切な働きをしていることや，現在の我が国の民主政治は日本国憲法の基本的な考え方に基づいていることを考え表現できたか」を評価する。【思-③】

第2章 社会

❺ 第7時の指導案

（1）本時の目標
4月1日に防災服をやめた政府の判断に賛成できるかどうか伝え合う過程で，国民主権と基本的人権の尊重という2つの観点から，国民生活の安定と向上を図る国の政治の働きについて考え表現することができる。

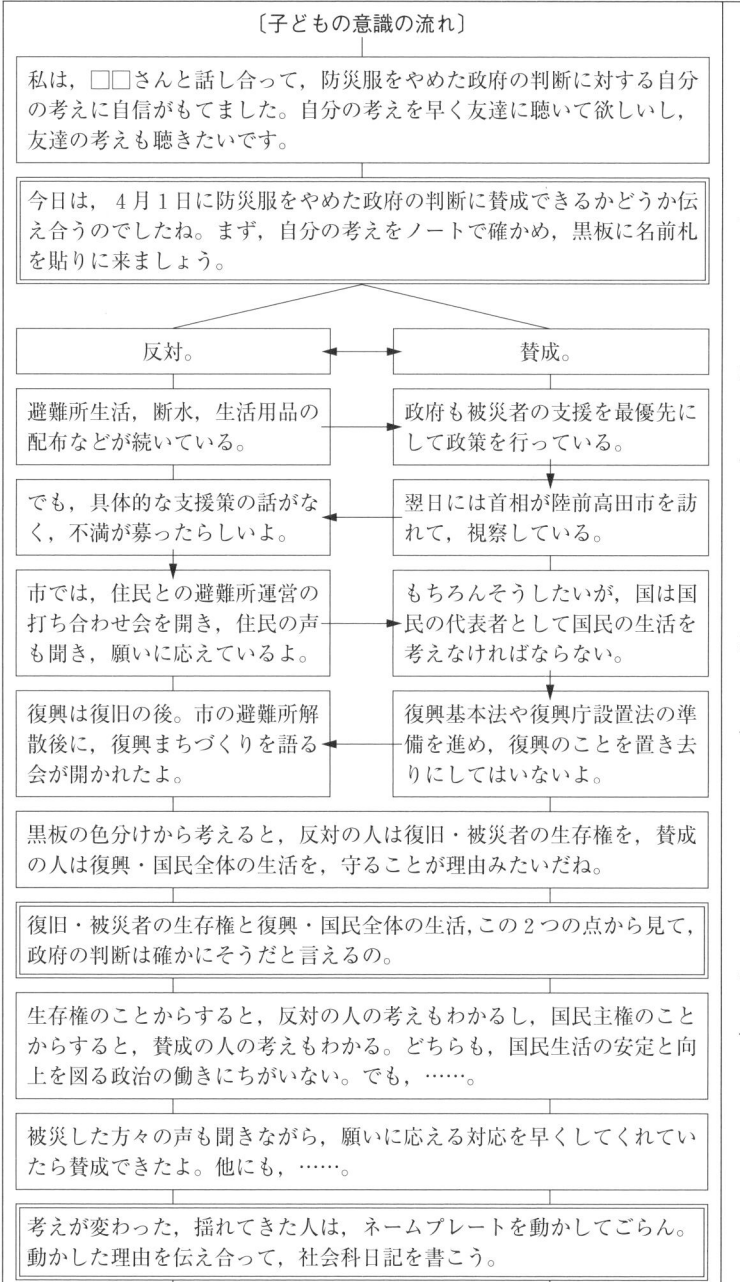

（2）展開（　　　　，◀は主な教師の支援，丸数字は時間配分を示す）

〔子どもの意識の流れ〕

- 私は，□□さんと話し合って，防災服をやめた政府の判断に対する自分の考えに自信がもてました。自分の考えを早く友達に聴いて欲しいし，友達の考えも聴きたいです。
- 今日は，4月1日に防災服をやめた政府の判断に賛成できるかどうか伝え合うのでしたね。まず，自分の考えをノートで確かめ，黒板に名前札を貼りに来ましょう。

反対。
- 避難所生活，断水，生活用品の配布などが続いている。
- でも，具体的な支援策の話がなく，不満が募ったらしいよ。
- 市では，住民との避難所運営の打ち合わせ会を開き，住民の声も聞き，願いに応えているよ。
- 復興は復旧の後。市の避難所解散後に，復興まちづくりを語る会が開かれたよ。

賛成。
- 政府も被災者の支援を最優先にして政策を行っている。
- 翌日には首相が陸前高田市を訪れて，視察している。
- もちろんそうしたいが，国は国民の代表者として国民の生活を考えなければならない。
- 復興基本法や復興庁設置法の準備を進め，復興のことを置き去りにしてはいないよ。

- 黒板の色分けから考えると，反対の人は復旧・被災者の生存権を，賛成の人は復興・国民全体の生活を，守ることが理由みたいだね。
- 復旧・被災者の生存権と復興・国民全体の生活，この2つの点から見て，政府の判断は確かにそうだと言えるの。
- 生存権のことからすると，反対の人の考えもわかるし，国民主権のことからすると，賛成の人の考えもわかる。どちらも，国民生活の安定と向上を図る政治の働きにちがいない。でも，……。
- 被災した方々の声も聞きながら，願いに応える対応を早くしてくれていたら賛成できたよ。他にも，……。
- 考えが変わった，揺れてきた人は，ネームプレートを動かしてごらん。動かした理由を伝え合って，社会科日記を書こう。

〔学習活動と教師の支援〕

1　社会科日記の発表を聞き，本時は，防災服をやめた政府の判断に賛成できるかどうか伝え合うことを確認する。　⑤
◀社会科日記に認知欲求が表れている子どもを意図的に指名し，本時のめあてを確認できるようにする。

2　防災服をやめた政府の判断について自分の主張を確認する。　⑤
◀主張をノートで確かめ，名前札で主張の位置を黒板に示すよう促すことで，伝え合う前の自分の主張の位置が分かるようにする。

3　防災服をやめた政府の判断に賛成かどうか伝え合う。　㉚
◀子どもたちが根拠とした情報を観点別に色分けして示し，観点ごとに主張の妥当性を問い返すことで，情報に価値付け，意味付けを行い，自分の主張を再構築できるようにする。

4　名前札を移動させ，社会科日記を書く。　⑤
◀名前札移動後，その理由を伝え合う場を設けたり，社会科日記を書く際に書き出しの選択肢を提示したりすることで，自分が何をどのように価値付けたり，意味付けたりしたかがわかるようにする。

6 児童の学習の様子

(1) 伝え合う活動の実際

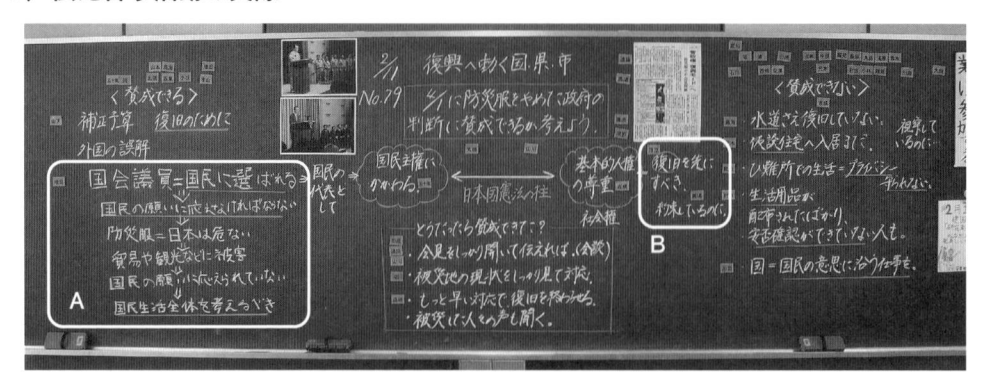

　本時の板書である。序盤は，賛成できない子どもたちが，既習内容をもとに意見をつないで主張した（板書右側）。そのような中，賛成できない子どもたちの主張を聴いたM児が，「前で書いて説明してもいいですか」と立ち上がった（板書左下部A）。このM児の主張につなげたI児の発言に「国民生活全体を考えるのは，国民主権に関係して…」という言葉があった。これに対して，T児は「それもわかるが，憲法に定められているように基本的人権が尊重されないと…」と述べた。このようにして，お互いの主張の根拠がはっきりとしてきた。どちらも日本国憲法が柱であることを確認したあと，お互いの主張に納得できるのかどうか問い返した。すると，子どもたちは，確かに納得できるものの，「もっと政府が会見や会談を開いて，現状を伝えて対応していれば賛成できた」「被災した方々の声を聞きながら，願いに応える対応を早くしてくれれば賛成できた」など，賛成できる条件が必要だったと述べた（板書中央）。その後，授業開始時に自分の主張の位置を示したネームプレートを移動させる時間をとり，なぜ考えが変わってきたのか伝え合う場を設けた。賛成できなかったB児の発言で，基本的人権の尊重は大切だが，国民主権とのかかわりから国の政治を見つめることも大切であると，価値付けがなされた。伝え合ったあと，B児は，右のような社会科日記を書いている。

(B児の社会科日記)

(2) 第7時の評価について―B児の評価をもとに―

　本時の評価規準は，【思-③】である。評価資料は，発言内容や社会科日記の記述である。私の場合，板書には常にネームプレートを貼付し，誰が発言した内容かが明確になるようにしている。これは，授業中の子ども同士のかかわりが豊かになるようにする手だてであるとともに，板書を写真に残し，評価資料として用いるためである。本時では，次頁のような内容についての発言や社会科日記の記述があることを「おおむね満足できる」，さらに，次の

第2章　社会

ような条件を満たしていれば，「十分満足できる」状況と判断した。B児は，菅首相の4/1までの会見内容を根拠として，復旧を最優先させると約束しているのに，防災服をやめることには賛成できないと発言している。しかし，社会科日記には前頁のような記述があることから，「十分満足できる」状況と判断した。

○国民主権と基本的人権の尊重という2つの観点から，国民生活の安定と向上を図る国の政治の働きについて考える必要がある。
○政府の判断には賛成できるが，…のような点については，基本的人権の尊重にかかわるので，早期に十分な対応が必要であった。
○政府の判断には賛成できないが，国民の代表者として政治をしているので，国民生活全体も考えるべきだという考えには納得できる。

「おおむね満足できる」状況と判断するめやす

○国民主権と基本的人権の尊重という2つの観点から国の政治の働きを考え，どうであったら賛成できたのか具体的に発言または記述している。
○自分とは違う視点から社会的事象を見て総合的に考えるという見方や考え方を今後の学習に生かそうとする記述が見られる。

「十分満足できる」状況と判断する条件

❼　実践についての考察

　ノートに社会科日記を書きましょう。次のような点について，振り返ってみてはどうでしょうか。自分が当てはまるなと思う書き出しを使って，書いてみましょう。いくつ選んでもかまいません。
○私は，考えを伝え合うまでは，…と考えていました。友達と考えを伝え合って～
○私の考えをゆさぶったのは，□□さんの…という考えで～
○□□さんの…という意見に納得して，考えが～になりました。
○私は，これから…という見方（考え方）を大切にしたいと思います。
○私は，…という見方（考え方）をこれからの生活で生かしていきたいと思います。
　※当てはまるものがなければ，自分で考えて書きましょう。

　本時は，左のような書き出しを提示した。本単元では，これまでの学習の積み重ねにより，子どもたちは振り返るための言葉を獲得していたので，書き出しを配布したのは，本時だけである。このような手立てを講じることで，子どもに学びの自覚を促すとともに，社会的な思考・判断・表現の力がついたかどうか可視化することができ，教師が子どもの学びを見取って評価し，次の指導の手立てを考え実践することが可能になるであろう。

澤井陽介 教科調査官による ワンポイントアドバイス

　評価の第一の目的は指導に生かすこと。観点別の評価規準は，子どもの学習状況を把握するためのものさしである。評価規準や評価方法を具体的に考えることで，子どもの学習の様子が見え，次の指導も見える。また，指導した成果が現れた段階では，記録に残すことも考える必要がある。評価のための評価ではなく，できる評価，続けられる評価が求められる。本実践は，その例を具体的に示してくれている。とりわけ，評価と指導によって，子どもたちの理解や考えが深まっていく様子がよくわかる。

算数

教科調査官が求める授業

笠井健一
文部科学省初等中等教育局教育課程課教科調査官

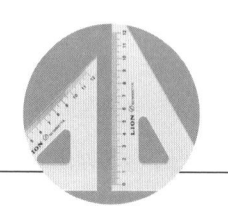

子ども自らが考える授業において
考えた過程を振り返ることで,思考力・判断力・表現力を育む。

1 改訂の4つのポイントと課題

● スパイラルな教育課程

今回の小学校学習指導要領で算数科の改訂のポイントは4つあります。

まずポイント1つめは,スパイラルな教育課程を組んだことです。例えば,これまで分数は第4学年から指導していましたが,これを第2学年から指導することにしました。分数にはいろいろな意味があり,わかりにくいと感じる子どもがいるので,少しずつ重点を変えながら繰り返し指導することにしたのです。円についても同じです。円についての公式には円の面積の公式と,円周の長さの公式がありますが,今までは第5学年で,面積と円周とを同じ時期に教えていました。このとき,混乱する子どもがいたのです。円周の長さについては第5学年,円の面積については第6学年で教えることにして,円についての公式を分けて教えることで,混乱を防ぐことができるのではないかと思います。

● 指導内容の充実

ポイント2つめは,算数の指導内容を,平成元年度の学習指導要領のときと同様の内容に戻して,充実させました。また,前述のスパイラルと関連しますが,以前小学校で教えていたもので,その後中学校で教えることになった内容を,小学校に戻したものもあります。その意図としては,小・中学校の連携を意識したということです。例えば,この10年,中学校

で教えていた点対称・線対称や相似について，小学校で，まず，縮図や拡大図，対称な図形として教えることにしました。そして，中学校の図形でもその発展として，相似や対称移動及び回転移動として繰り返し教えることにしました。これは，この10年は時数が足りなくなったので中学校に先送りしていたけれども，元に戻してこれまでどおりにするということです。子どもたちが理解できないから中学校に先送りしていたわけではないので，小学校に戻しても子どもたちは理解できると思います。同じように「文字を用いた式」も小学校で教えることにしました。「文字を用いた式」は小学校では難しいといわれていました。しかし中学校第１学年の１学期でいきなり「文字を用いた式」を学習すると，よけいにわからない，嫌いだということになってしまっていました。そこで今回は，小学校の第３学年で「□を用いた式」，第４学年で「□，△などを用いた式」，第５学年でも繰り返し学習したのち，第６学年で文字を用いた式を学習することにしました。小学校でも文字を用いた式について慣れさせておくことができると考えています。

● 算数的活動でねらいを達成する

ポイント３つめは，算数的活動を一層充実させることです。算数科の目標は以下です。

> 算数的活動を通して，数量や図形についての基礎的・基本的な知識及び技能を身に付け，日常の事象について見通しをもち筋道を立てて考え，表現する能力を育てるとともに，算数的活動の楽しさや数理的な処理のよさに気付き，進んで生活や学習に活用しようとする態度を育てる。
>
> （下線は筆者）

このように目標の中に２回「算数的活動」という言葉が入っています。

算数的活動は，前回の学習指導要領から入った言葉で，児童が目的意識を持って主体的に取り組む算数にかかわりのあるさまざまな活動を意味しています。「算数的活動とは，具体的にどんなことをすればいいのですか？」という声が，先生方からあがっていました。そこで今回の学習指導要領には，学年ごとにほぼ５つずつ，全部で29の算数的活動の例を挙げました。今回新しくなった教科書の中にもこれら29の例を取り上げていますので，参考にして算数の授業に取り入れていただければと思います。一方，算数的活動について「活動して楽しかったらそれでいいじゃないか」といった理解をされている方がいたようです。実際に，パズルをしているだけという授業を見ることもありました。算数的活動をすることによって，算数における学習のねらいをきちんと達成することが大切です。算数的活動をしたからそれでいいということではありません。算数の学習のねらいをしっかりもって活動していただきたいと思います。その際，「指導計画の作成と内容の取扱い」の１（３）に書かれている「算数的活動は，基礎的・基本的な知識及び技能を確実に身につけたり，思考力，判断力，表現

力等を高めたり，算数を学ぶことの楽しさや意義を実感したりするために，重要な役割を果たすものである」ことを参考にしていただければと思います。「基礎的・基本的な知識及び技能を確実に身につける」「思考力，判断力，表現力等を高める」「算数を学ぶことの楽しさや意義を実感する」といったねらいを達成するために算数的活動を行うということです。

●考えを「深める」言語活動を

　ほかの教科等と同様に，言語活動の充実が，ポイント4つめです。

　前述の29の算数的活動の中に，「表し説明する活動」「表す活動」「説明する活動」があります。これらの活動が算数科における言語活動の例です。これらの活動を参考に算数科における言語活動を充実していただきたいと思います。例えば第五学年では，「ア　小数についての計算の意味や計算の仕方を，言葉，数，式，図，数直線を用いて考え，説明する活動」「イ　三角形，平行四辺形，ひし形及び台形の面積の求め方を，具体物を用いたり，言葉，数，式，図を用いたりして考え，説明する活動」「エ　三角形の三つの角の大きさの和が180°になることを帰納的に考え，説明する活動。四角形の四つの角の大きさの和が360°になることを演繹的に考え，説明する活動」があります。ただここで気をつけてほしいことがあります。「考え説明する活動」は，「考えたことを説明すればいい。説明できるようにすることのみが授業のねらいなのだ」ととらえがちです。それだけが目的だと思われてしまうと困ります。言語活動も算数的活動と同じで手段です。算数科においては，数学的な考え方を伸ばすというねらいなどのために，授業の中で言語活動の充実をしてほしいと思います。また，子どもが考えを表現するだけではなく，表現したことを見直して，考えを深めることも大事にしてほしいと思います。子どもが考えを「書く」ことが強調され，ノートに書かせる指導が全国でたくさん行われています。それはもちろんしてほしいことなのですが，そこで終わってほしくありません。考えを書けることのみが目的ではなくて，書いたものを読み直し，表現したものから，さらに「考えを深める」ことをしてほしいのです。「考えを説明する」だけではなくて，説明することを通して「考えを深める」ということを大切にしたいのです。

❷　「自分で考える力」を育てる授業の工夫・改善

　次に授業の工夫・改善について述べます。前述した4つのポイントのうち，前半の2つ，スパイラルな話や指導内容を充実したという話は，どちらかというと，学習指導要領はこうつくりましたという説明です。いっぽう後半の2つ，算数的活動や言語活動の充実は，授業の仕方に大きく影響します。本書が「言語活動を生かし『思考力・判断力・表現力』を育む授業」をテーマにしているので，このあとは言語活動の充実について重点的に述べます。

●子どもが考える授業を

　算数の授業では「子どもにやり方をわかりやすく教えて，子どもたちがそれをできるようにして，ドリル等で練習させる」という指導をされている方が多いのではないでしょうか。知識や技能を習得させるためには，このような指導法が効率がいいと思われているからです。

　いっぽう「思考力・判断力・表現力を育む」ということをめざすためには，子どもに「この問題，解けるかな？」とまず考えてもらうところから始める授業を大切にしてほしいと思っています。子どもが考えることで初めて考える力がつくからです。「先生が教えなくて，子どもが考えることができるわけがない」と思われるかもしれません。今まで教えて練習させる授業をしていたのに，急に何も教えないで勝手にやれと言われても子どもも困るでしょう。「先生が教えわからせる授業」から「子どもが考え見つける授業」に急に変えるのは難しいと思います。少しずつ指導の仕方を変えて徐々に子どもが考えることができるようにすることが大切です。例えば，最初から洗練した考えで答えを出すことを求めるのではなく，素朴な考えであっても答えを出せたことを認めていくことから始めるのです。実際に自ら答えを出したとしたら，子どもをたくさんほめてあげてほしいと思います。このように自分で答えを見つけることを繰り返す中で，徐々に他の友達の考えにも触れさせ，洗練した考えもいいなあと少しずつでも気づかせるようにしたらいいのです。このような指導法を今までしたことがない先生にとっては難しいと思われるかもしれません。算数の授業の中には，数学的な考え方を育成するのにしやすい学習場面があります。例えば，第2学年のかけ算九九を構成していくところ，第5学年の三角形や四角形の面積のところなどです。このような育成しやすいところから始めるといいと思います。そして，最終的には「生きる力」のある子，先生が教えなくてもできる子どもにしてほしいと思います。他にも子どもが考える授業に変えるためには，いろいろな工夫ができると思います。

●わかったことの証は実際に使えること

　多くの授業で，考えついた子どもが発表して，その発表をほかの子どもが聞いて学ぶ活動は行われています。そのとき「わかりましたか？」と教師が聞いて，ほかの子どもが「わかりました」と言って終わる授業を見せていただいたことがあります。「わかりましたか？」と聞かれて，「わかりました」と子どもが答えたとしても，子どもたちは本当にわかったのでしょうか。実際に同じようなことを聞いていた子どもたちにさせてみて，その発表された考えをその子どもたちが使えて初めてわかったといえるのではないでしょうか。聞いていた子どもたちが，発表されたことをノートに書き写すとか，ポイントを言葉でまとめるとか，その方法で適用問題を解いてみるなどは，最初に考えつかなかった子どもにとっての大切な学びの時間です。このようなことをぜひ大切にしてほしいと思います。友達の考えを聞いて，自分で行動することで「なるほど」と思う場面をたくさん教室につくってほしいのです。

● 「見通しと振り返り」を大切に

　この他に「教えなくてもできる子ども」をめざすうえで大事にしてほしいのは，「見通しと振り返り」です。もともと算数の授業では「見通しと振り返り」を大事にしていましたが，今回，学習指導要領の総則「指導計画の作成等に当たって配慮すべき事項」の2（4）に「各教科等の指導に当たっては，児童が学習の見通しを立てたり学習したことを振り返ったりする活動を計画的に取り入れるよう工夫すること。」という内容が入り，算数だけでなくすべての教科等でやってくださいということになりました。うまく考えられたときには，何でそのように考えることができたのか，振り返ることが大切です。考えることができなかったときは，どのように考えるとよかったのかを学ぶことが大切です。うまく考えられた子がその過程を振り返り「ぼくはこのことから考えを思いついた」とクラスの友達に伝える場面があれば，考えられなかった子も，「そういうことに気づけばよかったのか」と学ぶことができます。このように振り返ったことが次の時間の「見通し」として生きてくるのです。

● クラスの子どもたち全員が，それぞれ納得のいく方法で「わかる」ように

　クラスの中には「考えなさい」と言われてパッと思いつく子どももいれば，そうではない子どももいます。素朴なやり方をする子，洗練されたやり方をする子がいます。学級として大事なことは，クラスの子ども全員が，それぞれ納得のいく方法でわかるということです。

　このとき方法といっても，例えば図を使っているので具体的でわかりやすい方法もあれば，式を使ってすらすら解くという方法もあります。それぞれの子どもたちの理解しやすい方法で，わかってほしいのです。与えられた問いに，まったく手がつけられなかった子どもが，図で答えを出す方法を聞いたときに，「なるほど，それいいね。よくわかったよ」となってほしいのです。この積み重ねを授業で仕組んでほしいと思います。

　以下，第三学年のわり算の場面で具体的に説明します。

〈まず具体物を使って〉

　授業は，その1時間の中で何を学ぶのか，ということを明確にしなければいけません。

　例えば，わり算の最初の場面に，「15個のキャンディーを3人で等しく分けなさい」という問題があります。子どもたちにとって初めて出会う問題です。このとき，思考力を伸ばすことをめざす授業をするのなら，先生は何も教えないで「答えを出してごらん」と問います。

　特に1時間目は，「おはじきを使っていいから，答えを出してごらん」と言うと思います。子どもは実際におはじきを使って操作してみて，「ああ，なるほど，答えは5だ」と納得するわけです。初めて出会った問題に対して答えを出すことができたのですから，具体物を使ったとしても，それで認めてあげてほしいのです。

〈次に図を使って〉

　けれどもいつでも具体物を使うわけにはいきません。そこで「今日は，わかりやすい図を

描いてできないかな」と，具体物を使わないで答えることが２時間目の課題になります。図にも，わかりやすい図とわかりにくい図がありますので２時間目はどんな図が答えを出すのによいかということを子どもたちと話し合っていきたいのです。そこで「12個のキャンディーがあります。これを３人で等しく分けましょう，というときに，どんな図を描きますか」と，２時間目は数を変えました。

このとき１個ずつ線を引いて分けていく子どももいれば（図１），子ども３人の図を描いておいて，そこに１個ずつ置いていくやり方もあります（図２）。これらはどこのクラスでも描く子どもがいると思います。「全部で12個だ。１人が４つずつになった。３人で分けた」ということを表すのに，この２つの図ではどちらがわかりやすいでしょうか。

わかりやすいのは図１よりも図２です。図２だったら，１人分が４つずつということも，３人で分けたということも，４×３＝12で全部で12個あるということも見てわかります。「こういう図を書くとわかりやすいね」ということになると思います。そして，「１人分が４個ということも３人で分けるということもわかる図だね」ということを２時間目に押さえるのです。しかも，この図だったら。４×３＝12という式に直すことができます。３時間目につなげることが出きます。このように，１時間目は具体物を「分ける」という操作をして答えを求めることが目的でしたが，２時間目は図を使って答えを導くことが目的になるのです。

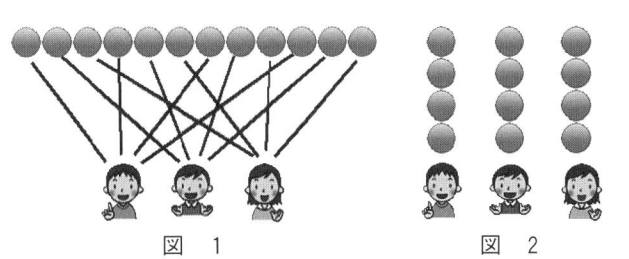

〈そして式を使って〉

３時間目は，また数を変えて，18÷3という似た問題に対して，図を描かないで答えを見つける方法を考えます。図２のイメージがあれば，□×３＝18ということが思い浮かびます。式でも答えが出せるよ，と。１×３＝３，２×３＝６，・・・，６×３＝18，というようにです。「18になった。答えは６です」と言えます。つまり，３時間目は「かけ算で，答えが求められました」と，子ども自身が見つけることができるわけです。

● 「算数の言語」を関連させて思考力を高める

子どものなかには，１時間目のおはじき操作のときから図で解いている子どももいるかもしれません。あるいは２時間目の図のときに，式で解いている子どももいるでしょう。ですから授業では，おはじきと図，図と式を関連させることが大切です。おはじきでやったことを図に描かせておくと，子どもは図を見ながら式を関連づけるようになります。最初はおはじきで素朴に答えを求めていた子どもが，だんだん図でもいいんだな，式でもできるよ，ということに気づくようになるわけです。

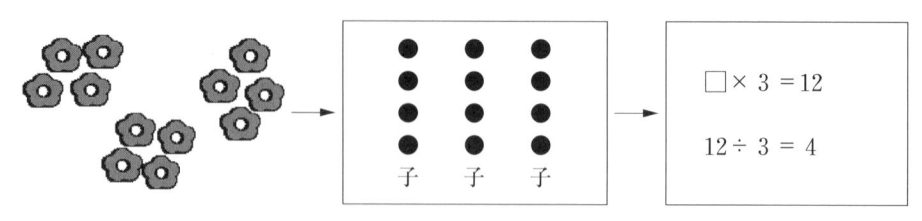

図3　具体から抽象へ

　おはじきと図と式，具体的なものから抽象的なものになっていきます。それらを関連づけ算数の言語である数や式などを使って，初めて出合った問題に対して答えが出せるようにしていくことが大事なのです。
　先ほどの例でも，おはじきでなければ答えが出せない子ども，図で答えを出す子ども，式でできる子どもなど，いろいろな子どもがいます。そこで具体物と図と式を関連づけて，「おはじきと図って同じことをやっているよね，図もこちらの図のほうがわかりやすいよね，この図になれば，式と同じだね」としていくうちに，子どもの側からだんだん抽象的な算数の言葉で答えを出せるようになるのです。それがある意味で思考力が高まっていった姿であり，そこをめざすわけです。

● **算数で求めている「自分で考える力」**

　1時間目，2時間目，3時間目と進める中で，子どもたちの考える道具が具体から抽象に変わっていくこと，どんどん抽象的なもので考えられるようにしていくことが，算数で求めている「考える力」です。これは第3学年のわり算での話ですが，第1学年のくり上がりのあるたし算でも，第6学年の分数のかけ算，わり算でも同じです。具体物があって，図にして，式と関連づける。さらにこの式自体が公式として，□を用いた式や文字を用いた式になっていく。どんどん抽象度が上がっていくわけです。このように関連をつけていくことで，言葉の式でも表せるし，□と△などを用いた式でも表すことできるようになっていくわけです。授業で大事にしてほしいのは，子どもたちに「自分たちで答えを出せるかな？」と言いながら，具体物と図，図と式，式と□や△を用いた式を関連づける指導を，先生がしてほしい，ということです。そうすることで，子ども自身が初めて出会った問題でも，とにかく答えを出して，ちょっと友達の意見を聞いてみよう，次はこういうことをやってみようかな，と工夫していける子どもになっていくのです。

● **途中をていねいにやることで，子ども自身が高まる**

　問題を解いていくときに，具体物がなければわからない子どももいますから，まずは具体物を使いながら実感させます。いずれは具体物を使わずに，頭の中で数（すう）だけで操作できるようになってほしいです。

例えば第1学年のくり上がりのあるたし算の計算の仕方では，最終的には暗算で答えが出せるようにします。このとき，具体物を使って理解している子に，いきなり暗算は無理です。具体物を図にします。図を数と言葉

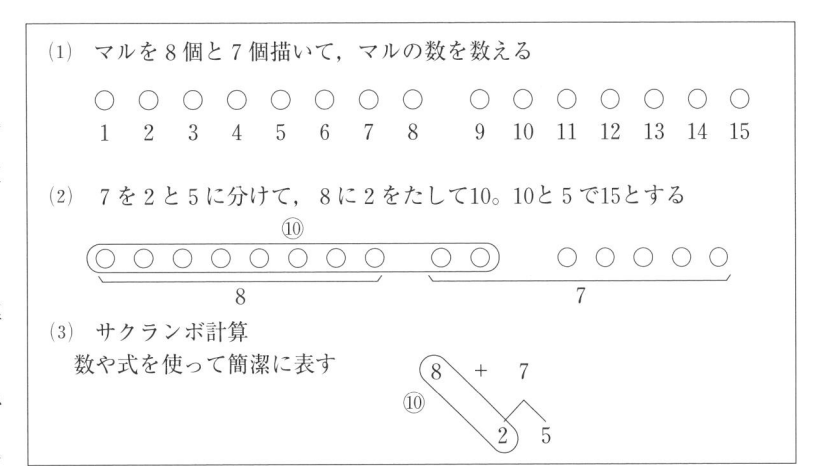

(1) マルを8個と7個描いて，マルの数を数える
○ ○ ○ ○ ○ ○ ○ ○　○ ○ ○ ○ ○ ○ ○
1 2 3 4 5 6 7 8　9 10 11 12 13 14 15

(2) 7を2と5に分けて，8に2をたして10。10と5で15とする

(3) サクランボ計算
数や式を使って簡潔に表す

図4　第1学年「8＋7の計算の仕方を考える」

で言い換えます。それをサクランボ計算といわれるような，数と式だけで答えが出せるようにしていくのです。だんだん関連づけていかないと，うまくいきません。まずは数（すう）で抽象的なものを表し，それでやっと暗算です。途中のサクランボ計算は絶対に必要なのです。途中をていねいにやることで，子ども自身が高まっていく。そういった「関連づけ」もぜひやってほしいと思います。

3　文章問題と人をつなぐ思考力・判断力・表現力を育てる授業

●算数の思考力・判断力・表現力

算数において「言語」といった場合には，図・数（すう）・式を含みます。昔から，文章問題を出されたら，式を書いて，筆算をして，答えを書きましょう，ということを基本として教えられてきました。文章問題を読んで問題場面を適切に式に表すことを大切にしてきました。式が算数における言語だからです。しかも簡潔に表した言語です。ですからこの基本は，言語活動を充実する指導においても最も大切にしていきたいことです。

ところが，いまの日本の子どもたちは，文章問題を読んで式を立てるのが苦手です。なぜかというと，「何となく」式を立てているからです。問題から式を立てるまでの過程の理解が足りないのです。文章問題を読んで，子どもが「8たす7にしました」と言うのに対して，「何で8たす7なの？」と先生があまり聞きません。「何で8たす7なの？」という問いに対して，例えば「8たす7なのは，問題の文章の中に『合わせて』という言葉があるからです」と子どもが答える。「そうだね，合わせるときはたし算だね」ということをしていないのです。

文章問題と式をつなげるのは言葉だったり，具体物だったり，図だったりします。そこが大事です。子どもが苦手とするところを補う意味で，言葉とか図とか具体物があります。こ

こに言語活動を充実する意義があります。

　また，式が立てられたとしても，答えをどのように出したらいいか初めて見る計算なのでわからないということもあります。そのときは，式とその答えをつなぐときに，具体物や図などを用いることが必要となります。このときも言語活動を充実する場面です。例えばひき算で，「39－10」を解くときに，どうしていいかわからない。とにかく答えを出さなければいけないから，図とか，具体物を使って解いていくわけです。問題と式の間をつなぎ，式と答えの間をつなぐもの，そこが言語活動を充実する場面であり，思考力・判断力・表現力を育成する場面になります。

● 「何でそれでいいの？」の問い返しを

　繰り返しになりますが，「何となく」問題を解いていくのではなくて，「何で？」「どうしてこの式なのですか？」という問いかけに，「これこれこうだから，この式になります」と，子どもたち全員が言えるようになってほしいのです。問題・図・式・答え，これを関連づける指導をもっとやっていってほしいのです。

　いまの教室の現状では，文章問題から式を導くときに，「だれか式，言えますか？」，手をあげた子どもが「○○です」「どうですか？」「いいでーす」で終わってしまっていることがあると思います。気の利いた子どもがいい答えを言って，「いいですか？」「いいでーす」で終わってしまう。「何で，それでいいの？」の問い返しがないのです。「いいですか？」「いいでーす」としないで，まず前に，「自分が考えた式を書いてみよう。全員同じになるだろうか。あれ？友達で迷っている子がいるみたいですね。何で自分の考えた式になるのかを説明してあげましょう」と，そういう指導が欲しいのです。子どもたち全員がその式でいい理由をきちんと言える，そういうことを目指していただきたいのです。

　昨今言われていることですが，いろいろな学力調査で，立式の成績があまりよくありません。その理由は，このあたりにあるのではないかと思います。「なぜその式なんですか？」と教師が問いかけて，子どもたち全員が「○○だからです」と言えるような指導をしていないのです。何人かの子どもが答えているだけなのです。

❹　指導に生かす評価の仕方

● 観点名に「表現」は入れず，趣旨に反映

　新学習指導要領で評価の観点がどのように変わったか，また今後の「評価」をどのようにしていくのかについて述べます。学習指導要領改訂における評価の観点は，「関心・意欲・態度」，「思考・判断・表現」，「技能」および「知識・理解」に整理され，これをもとに各教科等の特性に応じて観点を示しています。

表1　算数科の評価の観点とその趣旨

観　点　名	趣　　　旨
算数への関心・意欲・態度	数理的な事象に関心をもつとともに，算数的活動の楽しさや数理的な処理のよさに気付き，進んで生活や学習に活用しようとする。
数学的な考え方	日常の事象を数理的にとらえ，<u>見通しをもち筋道立てて考え表現</u>したり，そのことから考えを深めたりするなど，数学的な考え方の基礎を身に付けている。
数量や図形についての技能	数量や図形についての<u>数学的な表現や処理にかかわる技能</u>を身に付けている。
数量や図形についての知識・理解	数量や図形についての豊かな感覚をもち，それらの意味や性質などについて理解している。

(下線は筆者)

●趣旨の2つの「表現」の意味は異なる

　改訂前の算数科の第3観点は「数量や図形についての<u>表現・処理</u>」で，「表現」という言葉が入っていました。この「表現」は，数や式に表すといった技能として身につけるべき「数学的な表現」の意味で，「思考・判断・表現」の「表現」とは意味が異なります。「表現」という言葉を観点名に入れると混乱を招きかねないため，第3観点は「数量や図形についての<u>技能</u>」としたのです。名称は変わっても趣旨には「数学的な表現や処理にかかわる」と記していますから，中身は従来と変わらず，同じスタンスでいいということです。

　「思考・判断・表現」と「表現」が第2観点に入りましたが「考えたり判断したことを，子どもたちの言語活動を通じて評価する」という意味です。他教科は観点名に「表現」という言葉を入れていますが，算数科では入れていません。「思考・判断した過程や結果を言語活動の中で表出する」という意味で「表現」を入れる場合，算数科でも第2観点の「数学的な考え方」に入れることになります。そこで，趣旨に「見通しをもち筋道を立てて考え<u>表現</u>したり」と反映しました。

●考えを式で表したら「考え方」で評価する

　「技能」の趣旨に書かれている「表現」は，具体的には数や式，図，表，グラフのことですが，算数の授業で子どもが数や式を書いたらそれをいつでも「技能」で評価するわけではありません。考えたことを既習の式で表して説明しているときは「数学的な考え方」で評価します。学習指導要領の小学校算数の「第3指導計画の作成の内容の取扱い」2の(2)に「思考力，判断力，表現力等を育成するため，各学年の内容の指導に当たっては，言葉，数，式，図，表，グラフを用いて考えたり，説明したり，互いに自分の考えを表現し伝え合ったりするなどの学習活動を積極的に取り入れるようにすること。」とあります。「思考力，判断

力，表現力等を育成するため」を言い換えると，評価の観点でいう「数学的な考え方を育成する，その指導・評価においては」と読み取れると思います。言葉だけではなく，数，式，図，表，グラフを描いて説明することも，考えを表現することであるといっているのです。

「数学的な考え方」は，初めて出合った問題に，既習の知識を活用しながらどう対処して答えを出していくかというときに評価することができます。このとき，答えを出すときに考えたことを既習の式で表して説明している場合があります。このとき式で書かれていますが，数学的な考え方で評価するのです。すでに学んで習得された式は「技能」で評価します。学んだことを活用して考えを説明する場合は「考え方」として評価します。

● 「数学的な考え方」の表現をもとに考えを深める

「数学的な考え方」の趣旨は，以前は「筋道立てて考え」でしたが，今回は「表現したり，そのことから考えを深めたりする」とつけ加えました。実はここが改訂で最も大きく変わったところであり，これによって算数科の目標を一歩進めているのです。

考えを表現することで，考えのよい点や誤りに気づくこともあります。書いたものを見直すことで子どもたちが不足部分に気づき，筋道を立てて考えを進めたり，よりよい考えをつくることができるようになります。

例えば，台形の面積の求め方を考えるとき，(5＋7)×4÷2という式で求めたとします。「この5は，台形のどこに当たるのか」と数を言葉にすることから，ある台形の面積を求めた数字で書かれた式を，一般的な言葉の式，公式に高めていくことができます。

考えたことを書くことで考えが進んだら，子どもたちが表現してよかったと思えると思います。このことが大事です。自力解決の段階は考えを書いて終わりとするのではなく，最終的には考え続けるようになってほしいということです。

● 指導に生かす評価とは
〈間違っている子どもこそ大事〉

授業の中では，間違っている子どもが非常に大切です。先生がその子の考えを説明することで，自身や周囲の子も自分の誤りに気付いたり，どちらが正しいか比べる必要性が生まれたり，どういう考え方がよりいいのかと意欲がわいたりします。答えが間違っていても，発想や考え方がよければ「その考え方，いいね」と子どもに言ってあげられます。「技能」を評価の観点にしている場合は答えが合っている必要がありますし，最終的には答えが合うほうがいいわけですが，「数学的な考え方」を評価の観点にしているときは，どのように子どもが考えたかが大事なのです。つまり「技能」が答えが合っていないから「おおむね満足」の状況ではないのに，「考え方」のほうは「おおむね満足」の評価がつくこともあり得ます。発想や考え方がよい子どもの中には，繰り返し練習するのが嫌で，九九の七の段がうまく言

えなくて計算ミスがある，ということもあります。「数学的な考え方」は，どう考えたかで評価するわけですから，「技能」の評価との連動性はないと考えます。

〈形を教え込む授業は禁物〉

「数学的な考え方」の評価の仕方としては，子どもたちが初めて見る問題について，自分のやり方で答えを出せれば「おおむね満足」です。自分の考えを表現して終わりにせずに工夫をしたり，別の考えと比べて新たなことを考えつくことは深まりです。考えがより深まって，例えば，より簡潔な表現ができる子は，「十分満足」に近づいていくと思います。

このときぜひ意識していただきたいことは「このように考えることがおおむね満足だ」とはっきりさせることは大事ですが，先生方が「答えを導いた考えを説明する文章」を教えて書けるようにするといった指導は困ります。これが最もしてはいけないことです。「説明が書けること」が大切だからといって，先生が説明を書く練習をさせたり，教え込んで書けるようにしたりしたのでは，子どもたちが「数学的な考え方」を身につけたことにはならないのです。大事なのは，子ども自らがまず自分のもっている力で答えが出せることなのです。子ども自身が答えを出した，その考え方を振り返ることなのです。さらに工夫したり発展させたりすることなのです。子どもたちの活動から評価してほしいと思います。

〈見る観点を絞り，負担を軽減〉

今回「効果的で効率的な評価」ということがいわれています。算数科でも評価の負担を減らすため，単元の指導と評価の計画を見直しました。これまでは，1日に4観点のうち1観点と2観点は学級全員みましょうと書いていましたが，もっと少なくしました。日によっては，何人かの特定の児童だけ評価するという時間もあっていいというようにしました。これで評価はだいぶ楽になったととらえていただけると思います。

● 算数科で育む「生きる力」が日常場面に生きる

生きる力とは，自ら問題を見つけ，その問題に対して見通しをもち，筋道を立てて考えを進め対処する力です。算数の授業では，毎時間見たことのない問題について考えていくわけです。考えて答えを出したことで終わりにしないで，工夫するなり，さらに考えを進めることです。自分で考えたことを書いて，友達の考えと比べて，よりよい考えにしていく。数や式で簡潔に表したり，日常の場面に生かしていこうとすることで，最終的には考え方は態度として身についていくのです。このような算数の授業自体が「生きる力」の育成に直接結びついていくと思います。「数学的な考え方」を一生懸命育てた先生の学級では，算数以外の時間にもこの「数学的な考え方」が活用されています。例えば特別活動の学級活動で，生活問題を取り上げて提示する場面では，子どもたちは「どんなグラフにすればわかりやすいか」などと考えながら工夫をするのです。それが「生きる力」になっていると感じます。先生方には，ぜひそういう授業を行っていただきたいと思います。

モデル授業Ⅰ

人とのかかわりを通して，思考力・表現力を育てる算数学習

第1学年 ふえたりへったり

問題場面を具体物で表し，確認し合うことで，理解を確実にする。

中村　敦子　さいたま市立針ヶ谷小学校

① 単元目標

・日常の事象から3口の数の加減や加減混合の場面を読み取り，式に表して考えようとする。
・2口の数の加法や減法の考え方を用いて，3口の数の計算の仕方について考える。
・3口の数の加減計算の場面を1つの式に表し，その計算ができる。
・3口の数の加減計算の場面を1つの式に表せること，およびその計算の仕方を理解する。

② 単元について

（1）本単元について

　本単元のねらいは，3口の数の加減の計算ができることを理解させ，具体的な場面を1つの式に表したり，式を読み取ったりできるようにすること，および，その計算ができるようにすることである。

　ここで3口の数の計算を取り上げるのは，単にくり上がり，くり下がりのある計算を進める際の数処理を円滑にできるようにするだけでなく，式は場面の様子を表現したり，答えを求める過程を表現したりするものであることを体験的にとらえさせ，式の意味理解を深めることが目的である。本単元では，身近な事象を素材としたお話を式に表現する活動を位置づける。3口の数の式をブロックで表現したり，式からお話づくりをしたりする活動を位置づけ，その理解を深めるようにする。

　この段階では，計算の過程でくり上がり，くり下がりの伴わないものを扱うのにとどめる。また，計算の仕方については，事実現象の過程と同様に計算することを理解させ「式は左から順に計算する」という基本的な計算のきまりをとらえさせる。

（2）児童の様子

　児童は，1学期に学習したくり上がりのないたし算，ひき算において，内容を理解しブロックを操作しながら答えを求めることを楽しんでいた。しかし，まだ問題を正しく読み取ることができないため，計算問題は得意だが，文章問題になるとつまずきが見られる児童もいる。

そこで，文章問題を絵に描くことや内容をイメージできる図を描く活動を取り入れることにより，その問題点を解消するようにしてきた。それにより，加法と減法に使われる言葉の違いを意識することができるようになってきた。

これまで2つの数の計算のみ行ってきている児童にとって，本単元で扱う「3つの数も一つの式に表すことができる」という学習は初めての内容なので，そのよさを理解させたり，活用させたりすることは困難が予想される。そこで，これまで行ってきた文章のイメージ化やブロックの操作活動を繰り返すこと，自分の考えを友達に伝える活動を通し体験的に理解させていきたいと考えた。

(3) 指導の工夫

〔自力解決のための半具体物（ブロック）の活用〕

式を考える場面で，自力解決のためにブロックを活用する。

一人一人がブロックを操作することで，ブロックをとるときはひき算，合わせるときはたし算というように，言葉（問題場面のお話）と式をつなげて考えることができる。

お話どおりにブロックを操作したあとがわかるように，引いたブロックは裏返して白にし，たすブロックの間は少しすき間を空けて並べさせるようにする。また，どのように考えたかをわかりやすくするために，「はじめに」「次に」「その次に」など，順序を意識してお話しながらブロックを操作させるようにする。

〔自分の考えを友達に説明する場の設定〕

自分の考えた式を，ペアでブロックを動かしながら説明する。小グループは児童の発達段階を考慮し，短時間でスムーズな伝え合いができる2人組（ペア）とした。

自分がしたことを再現しながら説明すると自分自身の理解も深まり，考えていることが聞き手に伝わるということを実感させ，共に学び合う中で考える楽しさを感じ取らせたい。

また，筋道を立ててわかりやすく伝えるために，順序がわかるキーワードや根拠がわかる言葉を入れて説明させるようにする。

目的意識をもって聞けるように，聞く子も話す子と同じようにブロックを操作しながら聞かせるようにする。

3 単元計画

時	ねらい	学習活動	評価規準
1	○3口の数の加法の式の意味とその計算の仕方を理解し，その計算ができる。	・ねこがバスに乗る絵を見て，式を考える。 ・3口の数でも1つの加法の式に表せることを理解する。 ・2口の加法計算の仕方をもとに考え，解決する。	関：問題場面から数量の関係を読み取り，加法の意味をもとに1つの式に表すことができる。 技：3口の数の加法の場面を1つの式に表し，その計算ができる。 知：3口の数の加法の場面を1つの式に表せることを理解している。

時	ねらい	学習活動	評価規準
2	○3口の数の減法の式の意味とその計算の仕方を理解し，その計算ができる。	・3口の減法の場面を式に表し，解決する。 ・3口の数でも1つの減法の式に表せることを理解する。 ・2口の減法計算の仕方をもとに考え，解決する。	考：前時の学習を生かして，3口の数の減法の場面を1つの式に表すことができる。 技：3口の数の減法の場面を1つの式に表し，その計算ができる。 知：3口の数の減法の場面を1つの式に表せることを理解している。
3 本時	○3口の数の加減混合の場面を1つの式に表したり，式から具体的な場面を読み取ったりできる。	・絵を見て式を考え，解決する。 ・3口の数でも1つの加減混合の式に表せることを理解する。 ・3口の加減混合の計算の仕方を考え，計算をする。	考：3口の数の加減混合の場面について，既習の加法や減法の考え方を適用して，式に表したり，式から具体的な場面を読み取ったりできる。 技：3口の数の加減混合の場面を1つの式に表し，その計算ができる。 知：3口の数の加減混合の場面の式の表し方や計算の仕方を理解している。
4	○3口の数の計算の仕方を理解し，その計算ができる。	・3口の数の式をブロックで表現したり，ブロックの動きを見て3口の数の式と答えを言ったりする。	関：3口の数の計算の場面を1つの式に表そうとしている。 技：3口の数の計算ができる。 知：3口の数の計算の仕方を理解している。

4 本時

(1) ねらい

3口の数の加減混合の場面を1つの式に表したり，式から具体的な場面を読み取ったりできる。

(2) 指導案

学習活動　○教師の働きかけ	☆評価　○支援　・留意点
つかむ 1　本時の課題をつかむ。 ○絵を見て，ねこのお話をつくってみよう。 2　既習との違いを考える。 課題　おはなしにあうしきをかんがえよう。 考える 3　お話に合わせて，ブロックを操作しながら，式を考える。	・掛図は1枚ずつ順番に見せ，はじめは減るが，次は増えることをとらえやすくする。 ・お話は，はじめに減って，次に増えるという順番になっていることを確実におさえる。 ○実際にブロックを並べてお話しながら考えさせる。

第３章　算数

学習活動　○教師の働きかけ	☆評価　○支援　・留意点
○お話に合わせて，ブロックを動かして，式を考えよう。	○ブロックの操作のあとがわかるように，ひいたブロックは裏側に返して白にし，たすブロックの間は少しすきまを空けて並べるように約束する。 ☆３口の数の加減混合の場面について，既習の加法や減法の考え方を適用して式に表したり，式から具体的な場面を読み取ったりできる。【数学的な考え方】
伝え合う ４　ペアで自分の考えを伝え合う。 ○ブロックを動かしながら，となりのお友達にお話しよう。式も言おう。 ５　式を発表し，どの式がお話に合っているか話し合う。 ○どんな式になったか発表しよう。 　　ア　５－３＋２＝４ 　　イ　５－３＝２　　　２＋２＝４	○ペアで，ブロックを操作しながらお話と式を言うようにさせる。 ・始めに，次に，その次になどの言葉を入れて，順序を意識してお話ができるようにする。 ○黒板にブロックを置くときにも，式のあとがわかるような置き方をさせる。 ○アの式しか出ない場合には，教師の方からイの式を出して考えさせる。
６　前時までは加法だけの場面，減法だけの場面を扱ってきたことから，本時との違いに気付かせ，１つの式にしてよいわけを考えさせる。 ○たし算やひき算が混ざっているときでも，１つの式にしてよいのだろうか。	・お話に合わせてブロックを操作したり，場面の絵に合わせて式を考えたりすることで，１つの式に表してよいことに気付かせる。 ・お話の様子や順序がわかる式はどれか考えさせる。 ・加減混合でも１つの式に表せること，及び式の左から順番に計算していけばよいことをおさえる。 ☆３口の数の加減混合の場面の式の表し方や計算の仕方を理解している。【知識・理解】
生かす ７　絵を見て，すずめのお話をつくり，式を考える。 ○絵を見て，お話をつくって，式と答えも考えよう。 ８　６－２＋４の式に合うお話をつくる。 ○式を見て，お話をつくって，ブロックを動かしてみよう。	・各自ブロックを操作しながらお話をして，式を考えさせる。 ・式の計算の順序を確認し，全員で答えを確認してから，お話をつくる。 ○お話を思いつかない子には，最初の文だけ書かれたヒントカードを渡す。 ☆三口の数の加減混合の場面を一つの式に表し，その計算ができる。【技能】
９　本時の学習を振り返り，学習日記を書く。 ○今日の大発見を学習日記に書こう。	・わかったこと，できるようになったこと，がんばったことなどについて書かせ，何人かに発表させる。

5　授業の様子

〔考える〕

T　お話に合わせて，ブロックを動かして，式を考えましょう。

〔伝え合う〕

T　となりのお友達に，ブロックを動かしながらお話ししましょう。式も言いましょう。

C　始めに，ねこがバスに5匹乗っていました。次に，3匹降りました。その次に，2匹乗りました。ねこは，4匹になりました。式は5－3＋2＝4です。

T　たし算やひき算が混ざっていても，1つの式にしてよいのでしょうか。

C　お話の順番に合っているからいいと思います。

C　お話が続いていくのがわかるから，1つの式がいい。

〔生かす〕

T　絵を見て，お話を作りましょう。

C　はじめに，すずめが電線に7羽とまっています。次に，4羽飛んで行きました。その次に，3羽飛んできました。

T　絵を見て，ブロックを動かして，お話をしてみましょう。そして，お話に合う式と答えを考えましょう。

C　式は，7－4＋3＝6で，答えは6羽です。

T　6－2＋4の式に合うお話を作りましょう。作ったお話を，となりのお友達にお話しましょう。となりのお友達は，お話を聞きながら，ブロックを動かしてみましょう。

C　始めに，ケーキが6個ありました。次に，4個食べました。その次に，3個買ってきました。ケーキは5個になりました。

C　始めに，せみが6匹いました。次に，4匹飛んで行きました。その次に，3匹飛んで来ました。せみは，5匹になりました。

T　今日の大発見をノートに書きましょう。

C　たすとひくが混ざっても，1つの式にできることがわかりました。

〔もんだい〕
ねこはなんびきになりましたか。

はじめに
ねこがバスに
5ひきのっています。

つぎに
3びきおりました。

そのつぎに
2ひきのってきました。
ねこは，4ひきになりました。

板書

〔かだい〕
おはなしにあうしきをかんがえよう。

しき　5－3＋2＝4
　　　こたえ　　4ひき

しき　5－3＝2
　　　2＋2＝4

まとめ
・たしざんとひきざんがまざっていても，1つのしきにできる。
・ひだりからじゅんばんにけいさんする。

しき　7－4＋3＝6
　　　こたえ　6わ

しきにあうおはなしを
かんがえよう

しき　6－2＋4＝8
　　　こたえ　8□

6　子どもの感想

・ブロックを動かしてやってみたら，お話がよくわかった。
・ねこじゃなくて，すずめでやって楽しかった。
・たすとひくがまざっていても，一つの式にできることがわかった。
・減るときは，ひき算で，増えるときはたし算だとわかった。
・1つの式から，いろいろなお話ができることがわかった。

笠井健一 教科調査官による ワンポイントアドバイス

3口の計算では，3口の計算に表してよいこと，3口の計算の式の表し方，3口の計算では前から順に計算することなどを，加法が続く場合，減法が続く場合，加減混合の場合で繰り返して学習する。本授業では，毎時間のねらいを重点化したり，ペアで場面と具体物，具体物と式をつなげて話をさせることで，内容の理解を確実にしているところがすばらしい。

モデル授業 II

友達の考えの相違点や共通点から学ぶ

第5学年 小数でわる計算 少人数じっくりコース

児童全員が発表ボードに書き発表する授業

鈴木　京子　高萩市立東小学校

1 単元目標

　小数でわることの意味を理解し，計算の仕方を考え，商と余りを求めることができ，整数の場合と同じ関係や法則が成り立つことを理解することができる。

2 単元について

(1) 本単元について

　本単元のねらいは，除数が小数である場合も既習の除数が整数の場合の意味を拡張すればよいことがわかり，既習の計算の仕方と関連づけて考え，整数の場合と同じ関係やきまりが成り立つことを理解することである。そこで，小数でわる計算の式でよい根拠を数直線をもとに見いだしたり，小数の意味や除法について成り立つ性質をもとにして，小数でわる計算の仕方を作り出したりすることに重きを置き指導する。このとき，小数の除法の意味と計算の仕方を，既習の乗法や除法の考え方を根拠に言葉や数直線などで説明できるようにすると同時に，商の大きさを感覚的につかませることも大切である。

(2) 児童の様子（第5学年1・2組　じっくりコース14名）

　本コースの児童は，一斉授業の中では，書いたり考えたりするのに時間がかかり，発表する機会をもてずにいた。また，友達の発表をただ聞いているだけでは，課題や考え方を自分のものとしてとらえたり，理解したりするのも困難な様子がうかがえた。

　単元に入る前に，準備テストを行ったところ，被除数と除数に同じ数をかけても商は変わらないという除法について成り立つ性質を，ほぼ全員が理解できていないことがわかった。また，わり算の筆算はできているものの，商や余りの小数点を正しくうてずに誤答になっている場合が多かった。文章問題では，立式もほとんどできず，立式できていても商や余りを求めることができていない児童がほとんどであった。

(3) 指導の工夫

　本単元においては，少人数指導（習熟度別学習）を取り入れ，第5学年の児童を，3つのコースに分けた。コースはそれぞれ，どんどんコース（習熟度が高い），ぐんぐんコース（習

第3章　算数

熟度が平均的），じっくりコース（習熟度が十分ではない）とし，事前テストの結果と児童の希望をふまえてコースの決定をした。どのコースも課題や評価の観点は同じであるが，支援や発表・話し合いの仕方は児童の実態に合わせた方法で行うようにした。

　じっくりコースの児童は，友達の発表をただ聞いているだけでは理解が困難であるので，自分で考えたことを発表し，課題を自分のものとしてとらえることで，友達の話を集中して聞くことができると考えられる。そこで，本単元では毎時間「全員発表」を行うようにした。そのために，数直線やテープ図のかき方を指導したり，既習事項の復習も行った。「自力解決」の場面では教師が一人一人を支援し，誰もが自分の考えを発表できるように配慮した。また，発表を聞きながら，教師の助言のもと，考え方を分類したり，共通点を見つけたりすることで，集中を持続させるようにした。

❸　単元計画

時	ねらい	学習活動	評価規準 （Ⓐ：十分満足な状況 Ⓒ：努力を要すると判断された児童への具体的な支援）
1	除数が帯小数の場合でも除法の式に表すことができることをテープ図や数直線などを用いて理解し，その計算方法を既習の整数でわる計算に帰着させて見いだすことができる。	・96÷2.4の計算の意味や計算の仕方を考える。	・除数が帯小数の場合にも除法の意味を拡張してとらえ，既習の整数の除法に関連づけて，小数でわる除法の計算の方法を考えようとする。 　　　　　　　＜関発表・ノート・振り返りカード＞ ・小数のわり算の意味と計算の仕方を計算のきまりや数直線図などを使って考える。 　　　　　＜考発表・ノート・振り返りカード・確認プリント＞ Ⓐ既習の整数の除法を積極的に生かし小数でわる除法の計算方法を考えようとしている。 既習事項をもとに，図・数直線・言葉・式を使って小数を整数化する考えをもとに説明する。 Ⓒ整数の除法の形にすることで，既習の計算方法が生かせることをおさえる。
2 本時	除数が純小数の場合でも除法の式に表すことができることを数直線などを用いて理解し，計算方法を考える。	・48÷0.8の計算の仕方を考える。	・除数が純小数の除法の計算方法を，小数のしくみや計算のきまりをもとに考える。 　　　　　　　　＜考発表・ノート・確認プリント＞ Ⓐ既習事項をもとに，図・数直線・言葉・式を使って小数を整数化する考えをもとに説明する。 Ⓒ0.8を整数化して考えるよう助言する。
3	（整数）÷（小数）の筆算の仕方がわかる。	・16÷3.2の筆算の仕方を知る。	・（整数）÷（小数）の計算の筆算の仕方がわかる。 　　　　　　　　　　　　　＜技発表・ノート＞ Ⓐ筆算の仕方を理解し，説明することができる。 Ⓒ商の小数点を打ち間違うことのないように商の見積もりをさせる。
4	（小数）÷（小数）の計算原理や方法を理解し，立式したり筆算したりすることができる。	・8.4÷1.2の計算の仕方を考える。	・（小数）÷（小数）の場合について，立式をしたり筆算で計算したりできる。 　　　　　　　＜技発表・ノート・振り返りカード＞ Ⓐ（小数）÷（小数）の計算を筆算で正確にできる。 Ⓒ（整数）÷（整数）の形にして計算できるようにする。

時	ねらい	学習活動	評価規準 (Ⓐ:十分満足な状況 Ⓒ:努力を要すると判断された児童への具体的な支援)
13	練習問題を解くことができ学習を振り返る。	・既習の学習を生かして問題に取り組む。	・小数でわる計算の問題を解くことができる。 <Ⓑ発表・ノート> Ⓐ問題を正確に解くことができる。 Ⓒわり算の計算方法を整理する。
14	まとめ用の問題を解くことができ本単元の定着を図る。	・既習の学習を生かして問題に取り組む。	・小数でわる計算の問題を解くことができる。 <Ⓑ発表・ノート> Ⓐ問題を正確に解くことができる。 Ⓒ理解できていない部分について個別指導を行う。

❹ 本時

(1) ねらい

除数が純小数の場合でも除法の式に表すことができることを数直線などを用いて理解し，計算方法を考える。

(2) 指導案

学習内容および活動	支援の手立て（○は個への配慮　◎は評価） （太字は，本コースにおける支援）
1　学習問題を知る。 　リボン0.8mの代金が48円でした。このリボン1mのねだんはいくらでしょう。 （代金）÷（長さ）＝（1mのねだん） 　　2mだったら　→48÷2 　　2.4mだったら→48÷2.4 　　0.8mだったら…… 2　見通しをもち，課題をつかむ。 (1)課題をつかむ。 　・前の時間と同じところ 　　「1mのねだん」を求めるからわり算を使う。 　　（式）48÷0.8 　・前の時間と違うところ 　　小数が1より小さい（0.いくつ） 　　整数　　1より小さい小数 　48÷0.8の計算の仕方を考えよう。 (2)結果の見通しをもつ。 　・1mは0.8mより長いから，1mの値段は48円より高くなりそう。 (3)方法の見通しをもつ。 　・図で・数直線で・言葉で・式で	○取りかかりに不安のある児童が多いので，わかっていること，求めることにアンダーラインを引く間，○をつけながら声かけをしていく。 ○早く終わった児童には，見通しや本時の課題を考えるよう助言する。 ・前時からのつながりを生かすために，0.8のところを整数，帯小数にかえて，既習事項との共通点や相違点を明確にし，本時のねらいの焦点化を図る。 ・具体物を使って，前時で用いたリボンの長さと比べて違いをはっきりさせ，1mより短い場合の問題であることに気付かせるとともに，問題の場面を理解し，答えや方法の見通しをもてるようにする。 ・課題の数に「整数」「1より小さい小数」と吹き出しに明記することで，前時との違いを明確にする。 ・1mのリボンと0.8mのリボンを実際に比べて見せることで，結果の予想を立てやすくする。 ・リボンの長さをもとに1mの値段を予想するよう助言する。 ・既習事項とのつながりを考え，自分なりの解決方法を選べるようにする。 ・前時と同じようにリボンの長さを10倍したら値段はいくらになるかを考えさせ，そこから1mの値段を考えてみるよう助言する。

3 計算の仕方を考える。
　㋐リボンの長さを10倍にして考える。
・テープ図で考える

```
   48円        480円
 ┌─────────────────┐
 │ │ │ │ │ │ │ │ │ │
 └─────────────────┘
  0.8m      8m
```

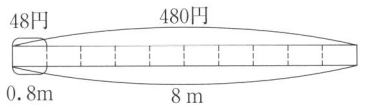

　1mのねだん…480÷8＝60
・数直線で考える。

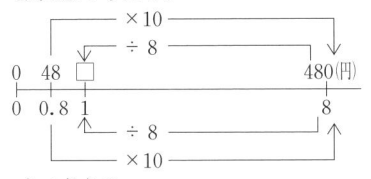

```
        ×10
    ┌──────────┐
    ↓  ÷8      │
 0  48  □    480(円)
 0  0.8  1      8
    ↑  ÷8      │
    └──────────┘
        ×10
```

・式で考える。
　48 ÷ 0.8 ＝ □ ┐
　↓10倍 ↓10倍   ├ 等しい
　480 ÷ 8 ＝ 60 ┘

　48÷0.8＝(48×10)÷(0.8×10)
　　　　　＝480÷8
　　　　　＝60

　㋑0.1mの代金をもとに考える。
・テープ図で考える。

```
   0.8m(48円)
 ┌─────────┐
 │ │ │ │ │ │ │ │ │
 └─────────┘
 0.1m(6円)
```

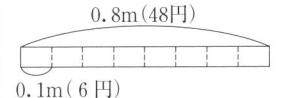

　1mは0.1mが10個分だから，
　6×10＝60で60円。
4 計算の仕方を発表し，話し合う。
　(1)それぞれの考えを発表し，質問や付け加えを述べ合う。
　(2)それぞれの共通点や相違点を話し合い，よりよい考えを見いだす。
　(3)48÷0.8の計算方法を確認する。
5 まとめをする。
　48÷0.8の計算の仕方を考えよう。

┌─────────────────────────┐
│ 48÷0.8の計算では，48も0.8も10倍│
│ して480÷8にして計算できる。   │
└─────────────────────────┘

6 練習問題を解く。
　リボン0.2mの代金が9円でした。このリボン1mのねだんはいくらでしょう。図，数直線，式，言葉などを使って考えたことを書きましょう。
7 学習を振り返る。

┌─────────────────────────┐
│ 小数のわり算では，どちらも10倍 │
│ して整数にして計算すればよいことがわ│
│ かった。   │
└─────────────────────────┘

○自力解決が困難な児童には，テープ図のヒントカードを使って手順を示し，支援する。
・補助簿（座席表）を活用して，児童の取り組みや考え方を見取り，個別に支援する。
○早くできた児童には考え方を言葉を使って書くよう助言し，発表につなげるようにする。

┌─────────────────────────┐
│ ◎除数が純小数の除法の計算方法を，小数のしくみや計算の│
│   きまりをもとに考えることができたか。   │
│   （図 行動観察・ノート・発表）   │
└─────────────────────────┘

Ⓐ図，数直線，言葉，式を用いて0.8を整数化するために48と0.8を10倍して計算し，計算の仕方を言葉で説明することができている。
Ⓑ図，数直線，言葉，式を用いて計算方法を考えることができている。

・参加意識を高めるために，全員を指名し，発表用画用紙にまとめさせ，発表の準備をするようにする。

・準備ができた児童は，発表が始まるまで移動黒板に発表用画用紙を掲示して，自由に意見交換をする。

・筆算につながるのは㋐の考え方であることを前時に学習しているが，㋑の考え方をしている児童がいたときには発表させ，㋑のような考え方があることにも触れるようにする。

・黒板の前に全員を集め，距離を近くすることで話し合いをしやすくする。
○発表に自信のない児童には，助言することで，安心して発表ができるようにする。
・同じ方法を使った児童を指名し，多くの意見を取り上げるようにする。
・どの考えも小数を整数にして考えていることをおさえる。
・純小数でわると，商が被除数より大きくなることを確認する。
・前時と同様に，どちらも10倍して計算できることを確認し，式でわかりやすく書いた友だちの考えをノートに写すようにする。
・自力解決で達成不十分だった児童への支援を中心に行うようにする。
・補助簿（座席表）を活用して，児童の取り組みや考え方を見取り，評価の補正をする。
・本時の問題と同じように0.2と9を10倍して考えるよう助言する。
・振り返りカードに自分の言葉で，わかったことやできたこと，感想などを書くように助言する

5 授業の様子

（1）自力解決の様子

見通しをもとに，それぞれが選択した方法で自分の考えをノートに書いた。児童は早く発表用画用紙に書きたいという思いから，熱心に考え，約10分間で13名が自力解決できた。1名は，テープ図をかいた後，その先が進まず，ヒントカードを使って解決することができた。児童の考え方は「0.8を整数化するために，48と0.8を10倍して計算する」と，「0.1mの値段を求めてから10倍する」の2つに分かれた。

（2）意見交換の様子

自分の考えが書けた児童は，発表の前に移動式黒板に画用紙を貼り，意見交換と発表の練習をした。その中で，お互いに「計算が違っているよ」「小数点が抜けているよ」などと指摘しあっていた。また，「これは，自分と同じ考えだ」と気付く児童もいた。

（3）全体での話し合いの様子

発表のときは，黒板の前に全員が座り，集中して友達の説明を聞いたり，意見を言ったりできるようにした。「質問や意見はありますか」という発表者の問いかけに対し，「吹き出しが書いてあっていいと思います」「大切なところが赤で書いてあって見やすいです」という感想や，「筆算でやったのが同じです」「僕もテープ図で考えました」という方法の共通点，さらに，「僕も10倍して考えました」という考え方の共通点についての意見が出た。

一人一人の発表の後，「これは，両方10倍した考え方と，0.1mの値段をもとにした考えのどちらに入りますか」と問いかけると，「これは10倍です」「これは0.1mの方です」とすぐに反応が返ってきた。

板書

㋢　48÷0.8の計算の仕方を考えよう。
（整数）（1より小さい小数）

㋯　リボン0.8mの代金が48円でした。このリボン1mのねだんはいくらでしょう。

・2mだったら→48÷2
・2.4mだったら→48÷2.4
・0.8mだったら→48÷0.8

㋮　予想
　・48÷0.8は，48より大きくなりそう。

方法
　・図　　・数直線　・式
　・言葉　・筆算

第3章　算数

（自）　48と0.8を両方10倍した考え方　　　　0.1mのねだんをもとにした考え方
（友）

［手書きのノート例：480円、8m、式 48÷0.8＝60、10倍・10倍、同じ、480÷8＝60、筆算 8）480 / 48 / 0］

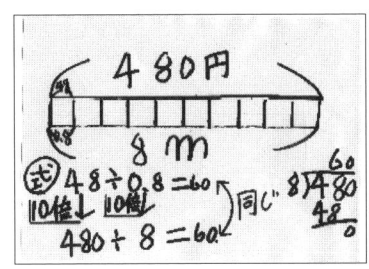

［手書きのノート例：0.1mのねだんをもとめる。0.8mは0.1mが8こ分だから0.1mのねだんは48÷8＝6だから0.1mのねだんは6円、1mは0.1mの10倍だから6を10倍して60円になる。答え60円］

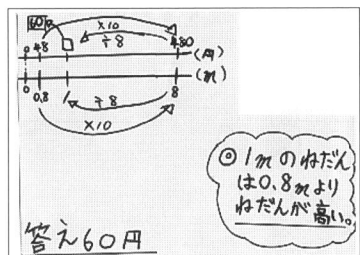

［図：数直線］

○ 1mのねだんは、0.8mよりねだんが高い。

答え60円

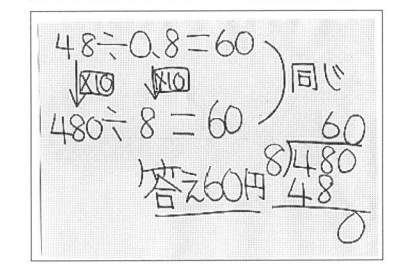

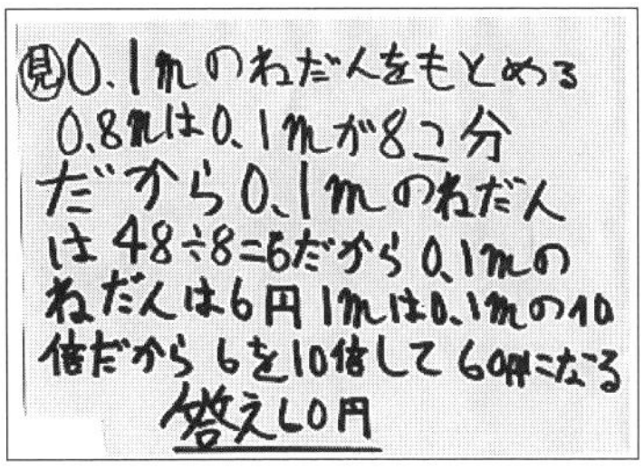

どちらも使った考え方

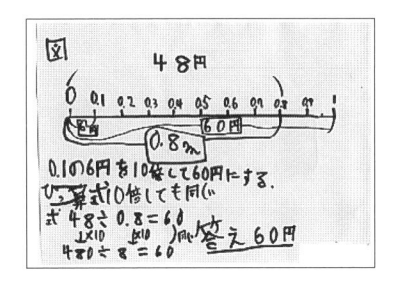

［図：0から1まで0.1刻みのテープ図、48円、0.8m、60円］
0.1の6円を10倍して60円にする。
筆算10倍しても同じ
式 48÷0.8＝60
　　×10　×10　同じ　答え60円
　　480÷8＝60

48÷0.8＝60　　同じ
×10　×10
480÷8＝60　　　60
　　　　　　　8）480
答え60円　　　　48
　　　　　　　　0

（ま）　48÷0.8の計算では，48も0.8も10倍して480÷8にして計算できる。

6　子どもの感想

以下は，子どもが授業の最後に振り返りカードに書いたコメントである。

「答えがもとの数より大きくなっていた」。「1より小さい整数でわるときも，どちらも10倍して考えればよいことがわかった」。「今日も10倍するやり方でできた」。「テープ図を使うとかんたんだった」。「筆算につながるのは，両方10倍する考え方だとわかった」。

笠井健一教科調査官による　ワンポイントアドバイス

本時までに子どもたちの素直な発表したいという意欲をもとに，考え方を14名全員が発表することを日々繰り返した。その結果じっくりコースの子どもたちであっても，小数のわり算の計算の仕方について全員が考えを発表し，友達との考えの相違点や共通点に気づき，計算の仕方をまとめることができた。すばらしいと思う。

モデル授業Ⅲ

場合の数における調べる活動を重視する授業

第6学年 並べ方と組み合わせ方

次に何を考えるのか筋道を立てて説明する

椎名美穂子　秋田県潟上市立天王小学校

1 単元目標

具体的な事柄（並べ方や組み合わせ方の場面）の起こり得る場合について，落ちや重なりがないように，順序よく整理して調べることができる。

2 単元について

（1）本単元について（教材）

この学習は，今回の改訂で中学校から移行してきた内容である。「数えやすいもの→数量に表せる→四則の計算に直せる」という基本的な流れがあるが，中学校数学の「確率」につながる基本的な考え方となっている。ここでは主に「並べ方（nPr＝n×(n－1)×…×(n－r－1)）」と「組み合わせ方（nPr＝n Pr/r！）」の2種類を学ぶ。

小学校学習指導要領解説算数編（2008）では，「結果として何通りの場合があるかを明らかにすることよりも，整理して考える過程に重点をおき，（略）」と書かれ，落ちや重なりがなく，順序よく整理する過程を分かち合ったり，そのよさを感得したりすることに意味があるとされている。小学校算数の学習内容としては，一見独立した学習のように思われがちである。しかし，第1学年の「数える」という基本的な数量関係における算数的活動，数える過程の中で整理しながら規則性を見いだして同種のものをまとめる活動，そして同じ種類ごとに資料として整理・分類したりする活動で学ぶ内容と深い関連がある。6年生における本単元においては，「調べ方」自体を自分たちで見いだしたり，前時との条件の違いに気付くことで，内容を明確に積み重ねていく学習である。問題場面を把握したときに，順序を考える場合なのか，順序を考えない場合のどちらの条件なのか，また，何個かとって順列を考えるのか，組み合わせを考えたりするのかなど，新たな条件にも対応して考えたりする力をつけることもできる。「並べ方」には順番が関係して積で求められること，「組み合わせ方」には順番は関係せず和で求められることなどについても，「調べ方」を自ら獲得していく中で気付き理解を深めていける絶好の単元にしたい。

（2）児童の様子

　場合の数の表は便利なものであるが，実はなじみがない。部活の試合でトーナメント表や総当たり戦の表を見ている児童はいるが，樹形図については自ら考えられる児童はほとんどいない。ここで学習する樹形図や二次元表は，解決するために有効な表現ではあるが，初めて学習する児童にとっては，実はどのように見たらよいのか，何がどう枝分かれしているのかといったようなことについてのつまずきが見られる。また，思いつきで考えて偶発的に答えを出したり，三つのものを並べ替えるとき，その三つを順番に回してかいていく迂遠な方法を考える児童もいる。その一方で，何とおりを求めることが本来のゴールではないが，具体的な図をもとに計算を用いて何とおりかを求めようとする児童もいる。

（3）指導の工夫

　指導にあたっては，結果として何とおりの場合があるのかを求めるよりも，整理して考える過程に重点をおきたい。その過程とは，「迂遠な過程」と「精選の過程」であり，この両方の経験が大切であると考える。まず自分たちで考えたことについての工夫を見つけたり，表されたものを比較させる中で，「固定するもの」「変化するもの」の2つに焦点を当て，よりわかりやすい考え方，より能率的な考え方を見つけて，よりよい考え方について納得できるようにしたい。調べ方の段階としては，具体的に色を塗る活動と，樹形図等の図をかく活動，図をもとに数の意味を考えて計算する活動の3段階を大事にしたい。また，ものの名前を記号化して簡単に表すことの気付きも取り上げ，順序よく整理して調べることにつなげたい。

　一方，気をつけたいことは，図のかき方の方法論が先行して一般化に主体的に導きすぎることである。主体的に一般化するということは，迂遠な方法に気付くことであり，そしてその迂遠な方法を自ら打破することにあると考える。図を主体的に用いるためには，どのように整理するとわかりやすいか，人に伝わるのかということを考える場面を設け，既習を活用して表現しようとする態度の育成に重点をおきながら授業を進めるようにしたい。そして，児童の学習を充実させるためには，正答だけでなく，誤答も含めた表現も意図的に取り上げ，互いの考えを読み取って説明し合う場面を設けたい。このことは，算数のよさを実感しながら，自らの学びに愛着をもつことになり，学習への意欲の高まりにつながる。

❸ 単元計画

時	ねらい	学習活動	評価規準
1	（並べ方）並べ方が何とおりあるかを調べるとき，落ちや重なりがないように調べる方法について考える。	・2冊〜4冊の本を本棚に並べる場面で，落ちや重なりがないように調べる方法を工夫して考える。	【考】落ちや重なりがないように，順序よく調べる方法を工夫して考えている。

時	ねらい	学習活動	評価規準
2 本時	（並べ方：条件付き）条件がある場合の並べ方について表や図で考える。	・条件がある場合の並べ方が何とおりあるかを図や表をかいて考える。	【考】表や図を使った考え方がわかるとともに，説明することができる。
3	（組み合わせ方）5種類の中から2種類を選ぶ組み合わせを順序よく考える。	・並べ方の考えと違うことに気付き，意味を考えながら図や表を使って，落ちや重なりがない工夫を見つける。	【知】並べ方との違いがわかり，組み合わせの意味を理解している。
4	（組み合わせ方：条件付き）6種類の中から2種類選ぶ組み合わせを順序よく考える。	・番号をつけて書き出したり，表をかいたりしながら，工夫して組み合わせを考える。 ・総当たり戦の組み合わせが全部で何とおりあるかを落ちや重なりがないように求める。	【考】番号をつけて書き出したり，表を書いたりしながら工夫して組み合わせを考えている。
5・6	（まとめ・練習）並べ方が何とおりあるかを計算で求める方法を考える。	・既習事項の理解を深める。 ・樹形図等の図をもとに考えたり，式を考えたりして，何とおりあるかを計算で求める。	【知】並べ方と組み合わせ方を理解している。 【考】図をもとに，式を考えている。

❹ 本時（2／6）

（1）ねらい

条件がある場合の並べ方について，起こり得るすべての場合について，適切な観点から分類整理し，順序よく数えあげることを，図や表を用いて調べながら考えることができる。

評価規準：【数学的な考え方】表や図を用いた考え方がわかるとともに，説明することができる。

（2）指導案

学習活動（子どもの反応）	指導上の留意点及び評価
1．問題場面をとらえる	
赤・青・緑・黄の4色のうち2色を使って，左のような旗をつくります。（棒には色をぬりません）	
2．調べ方を考える。（個→グループ） どんな旗ができるかな。調べ方を考えよう。	○どのように調べると解決できるのか，調べ方について考える場面を設定する。
【1】調べ方を考える（色ぬり） ・前時の学習では，カードを動かしたが，今日の学習は色をぬって考えると解決できそうだ。	

・前時の学習のように,「2つを反対にする」ことを使うと,どんどん調べられそうだ。 ・前時の学習のように,線をかくやり方(樹形図)だと調べられそうだ。 最初に考える旗の色「上→赤・下→青」の次に考える旗の色について説明しよう。 ・適当に思いついた色を組み合わせる。 ・上→緑・下→黄 というように使っていない色にする。 ・上→青・下→赤 というように反対にする。 ・赤を固定して,下の色を変える。 落ちや重なりがないように調べるには,どの方法がよいか,話し合おう。 ・全員は1枚は色をぬる。その後は,貼る担当と色ぬる担当に分けよう。 ・2つの色を取り出したら,それを反対にしていくとどんどんできそうだ。 ・まだぬっていない旗の種類がありそうだ。 ・同じぬり方をしている旗がありそうだ。 【2】調べ方を考える：図・式 ・確かめるには,順序よく旗の上の色をそろえ 樹形図をかいて整理するとわかりやすい。 ・確かめて数えると,全部で12とおりある。 　旗の上になる色：4色 　旗の下になる色：旗の上になる色を除く3 ・(旗の下になる色の数)×(旗に使う色の数)で求められる。→3×4＝12だ。 これに似た場面があったら,また色ぬりをして調べますか。 ・色ぬりは時間がかかる。図を使って順序よく整理すると早く調べることができる ・計算で何通りかを早く簡単に求めることができる。 3．本時のまとめをして学習を振り返る。	○自分の考えをもって,グループ活動に臨めるようにする。 ○上→赤・下→赤 はできないことを確かめる。 ○下の例のような場合を1とおりとせずに,2とおりとする理由を確かめる (例) 　赤－青　　青－赤 ○全員で実際に色をぬることで,具体的に12とおりであることを実感させる。 ○グループで,誰かが読み上げ,印をつけている等の協力の工夫も紹介する。 ○旗を貼るときは,考え方がわかるように整理して貼ることを伝える。 ○早くできたグループには,全員が説明できるように練習することを促す。 ○解決するためのよりよい表現や一般化について考える場面を設ける。 ○12とおりとした理由について,「数えただけのもの→数えやすく並べ変えたもの→並べ方(図)にきまりを見出せる→数量に表せる→四則の簡単な計算に直せる」という思考の流れを活かす。また,図をもとにして,式の「4」や「3」の意味を説明するように促す。 ○「この1時間自分の考えがどう変わったか」「大切な間違いはどんなことだったのか」といった自他の変容を見つめる視点を与え,振り返る場面を設ける。

5　授業の様子（自ら調べ方を考える場面）

T：どんな調べ方をするとよいですか。

C：昨日はカードを動かして調べたけれど，今日の場合は色をぬって調べる。

T：昨日とは場面が変わったので，調べ方も変わりましたね。みんなが初めに考える旗の色は，何色と何色ですか。

C：赤と青。（ほとんど全員）

T：では，これをスタートにして，次の旗を考えましょう。

C：緑と赤。

T：どうしてそう考えたのですか。

C：なんとなく。思いついたので。

T：他の考え方をした人はいますか？

C：私は，上→緑・下→黄というように使っていない色で考えました。

C：僕は，昨日の学習で最初をそろえると考えやすかったので，赤を固定して順序よく下の色を変えて，上→赤・下→緑。

T：昨日，学習したことを使ったのですね。ほかにないですか？（ないようなので）先生は，昨日，みんなが反対にする考えを出したので，上と下の色を反対にして上→青・下→赤にします。

C：昨日の学習の2つある場合は逆にするやり方だ。

T：次の旗の種類が4つ出ましたね。

C：思いつきでやっていたら，途中で落ちや重なりが出てくると思います。

T：それでは，落ちや重なりがないようにするには，どの調べ方がよいですか（挙手をさせて自分の考え方を一度決める）。では，実際に色をぬって考えてみましょう。

（問題）　板書

赤・青・緑・黄の4色のうち2色を使って，左のような旗をつくります。
（棒には色をぬりません）

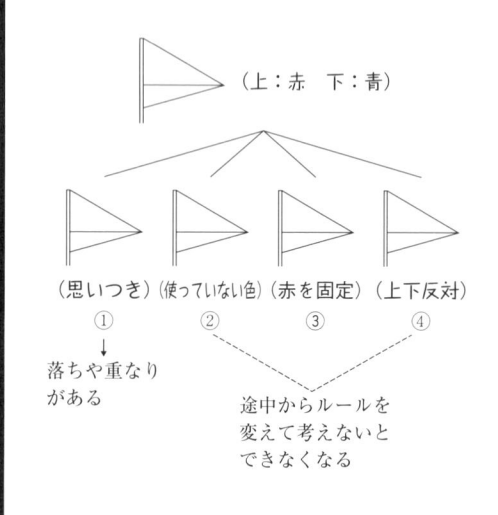

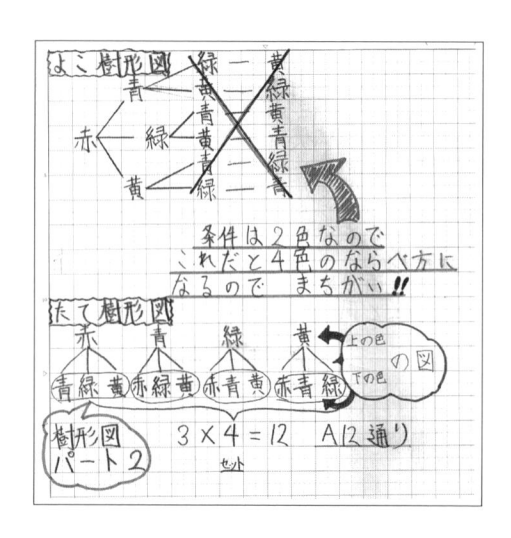

（上：赤　下：青）

（思いつき）（使っていない色）（赤を固定）（上下反対）
　①　　　　　②　　　　　③　　　　　④

①→落ちや重なりがある

②③→途中からルールを変えて考えないとできなくなる

はこ樹形図

条件は2色なのでこれだと4色のならべ方になるのでまちがい!!

たて樹形図

樹形図パート2

$3 \times 4 = 12$　A12通り

第3章 算数

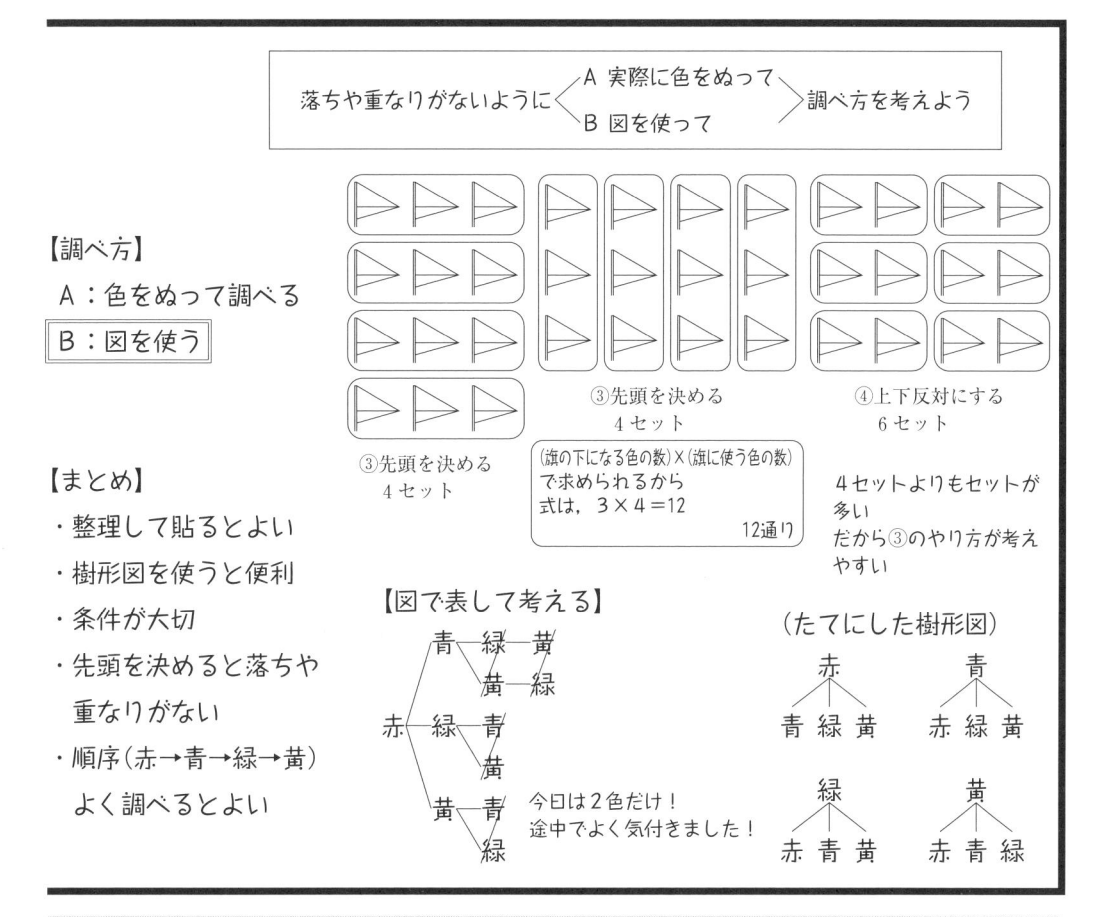

```
        落ちや重なりがないように  A 実際に色をぬって   調べ方を考えよう
                              B 図を使って
```

【調べ方】

A：色をぬって調べる

B：図を使う

【まとめ】

・整理して貼るとよい
・樹形図を使うと便利
・条件が大切
・先頭を決めると落ちや重なりがない
・順序（赤→青→緑→黄）よく調べるとよい

③先頭を決める 4セット

（旗の下になる色の数）×（旗に使う色の数）で求められるから式は，3×4＝12　12通り

③先頭を決める 4セット

④上下反対にする 6セット

4セットよりもセットが多いだから③のやり方が考えやすい

【図で表して考える】

```
        青―緑―黄
          ―黄―緑
   赤―緑―青―黄
          ―黄―青
       黄―青―緑
          ―緑―青
```

今日は2色だけ！
途中でよく気付きました！

（たてにした樹形図）

```
     赤            青
   ／｜＼        ／｜＼
  青 緑 黄      赤 緑 黄

     緑            黄
   ／｜＼        ／｜＼
  赤 青 黄      赤 青 緑
```

6　子どもの感想

　色をぬらなくても，今度から樹形図ですぐに調べられます。私たちの班は，上の色をそろえる調べ方で成功しました。でも「④逆」で調べた班は，時間がかかって大変そうでした。昨日は4つで考える問題だからできたけど，今日は4つのうちの2つを考えるという条件だから，できなかったとわかりました。昨日と条件が変わると答えも図の形も変わりました。だから，問題をよく読んで，条件に気をつけたいです。

笠井健一教科調査官による　ワンポイントアドバイス

　小学校の場合の数の学習では，整理して考える過程に重点をおきたい。そのことを踏まえ，「上が赤，下が青」の次に何を書くことが，整理して考えることになるのかに着目した実践である。具体的にグループで色ぬりをすることで，実感的に理解できるようにしていることもすばらしいと思う。

理科

教科調査官が求める授業

村山哲哉
文部科学省初等中等教育局教育課程課教科調査官

「体験」と「言語」で織りなす問題解決によって理科の授業を展開する。

1 理科の授業改善のポイント

●理科における言語活動の充実〜観察・実験の前後で言語活動を位置づける〜

　学習指導要領改訂のポイントの１つに「言語活動の充実」があります。なぜこの「言語活動の充実」が取り上げられたかというと，子どもたちの思考力・判断力・表現力が十分に育てられていないということが，国内外の調査等で浮き彫りになってきたからです。そこで，今回の学習指導要領では，国語科を中心としながら，「言語活動の充実」に全教科で取り組む方針となりました。理科も当然この課題について取り組んでいくことになりました。

　理科という教科は，「観察・実験」が極めて重要で，観察・実験を中核とした授業を展開していくことが大きなポイントとなります。言語活動をどのように位置づけるのかを考えていくことが求められています。つまり，理科では，観察・実験の前後に，子どもたちにどのような思考と表現をさせていくかを，授業づくりでぜひ先生方に考えていただきたいのです。

●授業を構成する基本的な要素〜十分な「体験」から始める〜

　理科は，具体である「自然の事物・現象」を対象とする教科です。授業では，最初に子どもたちにどういう事物・現象を用意するか，どのような体験の場を設定するかがポイントになります。

　こう考えると理科の授業は，「体験Ⅰ→言語Ⅰ→体験Ⅱ→言語Ⅱ」という柱で構成される

ことになります（図1）。まず(1)自然事象への働きかけの「体験」があり，次に(2)問題を設定し，予想や仮説を立てる「言語活動」があり，そして(3)観察，実験という「体験」があり，最後に(4)観察，実験の結果から何が言えるかという「言語活動」があります。まさに，具体から抽象への流れです。

このように，体験と言語が交互にうまく折り重なって授業が構築されると考えていただきたいのです。子どもの思考を具体的から抽象的にして，最後に，言語化するのです。

私はこの一連の流れを「体験」と「言語」で織りなす問題解決と呼んでいます。理科は問題解決というプロセスが非常に重要な教科です。理科イコール問題解決といってもよいと思います。その問題解決を「体験」と「言語」で織りなしていくことを，まず押さえていただきたいと思います。

```
問題解決
  ↓
  体験Ⅰ ……(1)自然事象への働きかけといった「体験」
  ↓
  言語Ⅰ ……(2)問題を設定し，予想・仮説を立てる「言語
          活動」
  ↓
  体験Ⅱ ……(3)観察・実験といった「体験」
  ↓
  言語Ⅱ ……(4)観察・実験の結果から何が言えるのか
          考察する「言語活動」
```

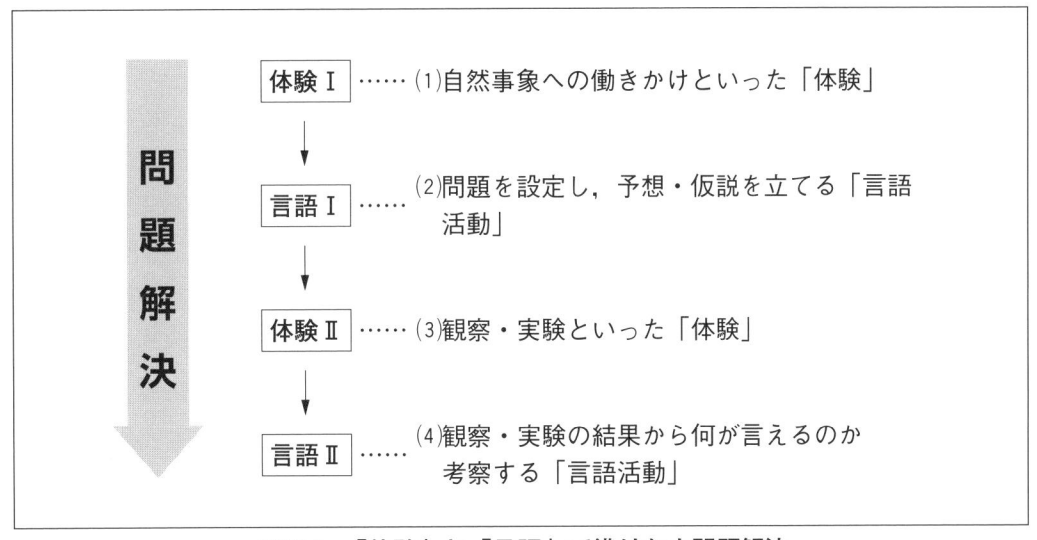

■図1　「体験」と「言語」で織りなす問題解決

● 「体験」と「言語」の両方を踏まえて授業を展開する

こうした「言語活動の充実」という方針があるなかで，最近の理科の授業を見ると，どうも言語活動に重点を置き過ぎているきらいがあるようです。

つまり，最初に自然の事物・現象をよく見たり，かかわったりしないで，あるいは観察・実験をしっかりしないで，書かせたり話をさせたりという活動に重きを置いている授業があるということです。これでは理科の本来の目標である，「自然に親しみ，科学的な見方や考え方を養う」という方向性をもった授業にはなっていません。

ぜひこの「体験」と「言語」の両方を踏まえて授業を展開し，子どもの考えの顕在化と共有化を図ってほしいものです。

❷ 問題解決のプロセスを踏まえた授業の展開

●体験Ⅰ：最初に自然の事物・現象に働きかける段階

　理科の授業の基軸となる「問題解決のプロセス」をいくつかに区切って説明します。

　まず，最初に自然の事物・現象に働きかける段階です。ここでは「子どもたちが知っていそうで知らない」あるいは「知らなさそうで，知っていることがいくつかある」という教材や場を用意します。

　例えば，ただ単に「磁石」を用意しただけでは何も始まりません。磁石に付く物や付かない物などをいろいろ用意しておきます。子どもたちは，用意された磁石であれこれ試してみて，いろいろなことに気付き出します。例えば「見た目は同じ缶なのに，付かない缶と付く缶がある」などが，そうです。つまり，スチール缶とアルミ缶があるということです。

　この段階ではまだそこまで気付かなくていいのですが，「付く物と付かない物がある」こと，「磁石によって物は分類できる」こと，そういう方向で問題を見いだしていきます。

　あるいは，
「磁石同士を近づけると，退け合ったり，引きつけ合ったりする」
「磁石というのはどうも端っこに物は付くけれども，それぞれ性質が違うのではないか」
というような気付きや疑問をもちます。

　こうしたなかで，学習対象としての自然の事物・現象とかかわりながら，自分の考えや気付きをもちつつ問題を見いだすのが，とても大きなポイントです。

　これは昔からむずかしいといわれているところです。子どもによって考えることや言うことが違うからです。しかし，理科の授業では，考えが違うということはとても大事なことです。なぜなら自然の事物・現象を対象とした教科では，「こうしなさい」「こう見なさい」「こう考えなさい」という働きかけは，意味をもたないからです。

　最初は，いろいろな見方や考え方があってよいのです。そこから，実験をして考えたり，再実験したりすることで，科学的な見方や考え方に高めていきます。

　科学というのは，ある意味で非常に限定された条件の中で理論をつくっていくことです。そういったものを見いだしていくのが理科の授業のプロセス，問題解決なのです。

　こうして子どもが見いだした問題に，教師は大いにかかわらなければいけません。磁石という物を用意して，子どもに任せておけば問題ができるというものではありません。子ども同士をどのようにやりとりさせるか，あるいは先生がどうかかわるかによって，問題の設定は変わってきます。

● 言語Ⅰ：問題を見いだし，自分の仮の考えを表出する予想や仮説を立てる段階

　次に，設定された問題に対して予想や仮説を立てます。自分の考え，「僕はこう思う」「私はこう思う」「こうなるだろう」ということを，表出させることで追究する方向を明確にもたせます。ここでは，言語活動が非常に重要になるのです。

　また，「科学的な思考・表現」の評価の１つのポイントにもなります。予想や仮説が合っているか間違っているかではなく，子どもの考えを顕在化させることが大切です。そして，顕在化させた考えを証明していく構想が，実験計画であり観察の視点になってくるのです。

● 体験Ⅱ：データをつくるために観察，実験を行う段階

　２番目の体験は，子どもたちが実施する観察・実験を意味します。

　ここでのポイントは，時間をしっかりと確保することです。いまの子どもたちは，物をつくったり扱ったりする経験が少ないので，技能も未熟です。個別あるいはグループ別にしっかり実験をさせます。失敗もアクシデントもあることを前提に，授業を組まないといけません。先生の指示どおりにしているのは，単なる「作業」で，目的をもった「実験」にはならないのです。

　そのためには「何のためにこの実験をしているのか」について，子ども自身が理解している必要があります。「何のために実験をしているの？」とたずねた答えが「先生が言ったから」というようにならない状況をつくってほしいのです。

　観察・実験をするときには，複数回，実施することが大切です。例えば，磁石を缶に近づけたら，缶が磁石に付いたとします。１回付いたから「はい，付きました」で終わらせずに，もう１回付けてみてほしいのです。これは「データの信憑性」を高めることに相当し，理科教育では非常に重要なことなのです。

　なぜなら，理科は，他の教科と違って，「データをつくる」教科だからです。他教科は「データを読む」ことが中心ですが，理科は，自分でデータをつくっていくのが特徴です。データをつくることができる子どもたちにしてほしいのです。

　観察・実験を複数回行うことで，まずはデータをつくる子どもになります。そしてデータをつくる子は，データを読める子どもになるのです。このことをぜひ大事にしてほしいのです。ただ観察・実験をするのではなくて，そこには，データをつくるという目的的な行為があるのです。それが読解力の向上につながっていくと私は考えています。

● 言語Ⅱ：縦のラインと横のラインで問題解決が終結する段階

　次に，信憑性のあるデータをもとに，そこから何が言えるのかを考えていきます。結果から何が言えるのかを考察する場面であり，問題解決が終結する段階です。ここで結論を出していきます。

そのときに2つのポイントがあります。図2に示した問題解決の「縦と横のライン」です。

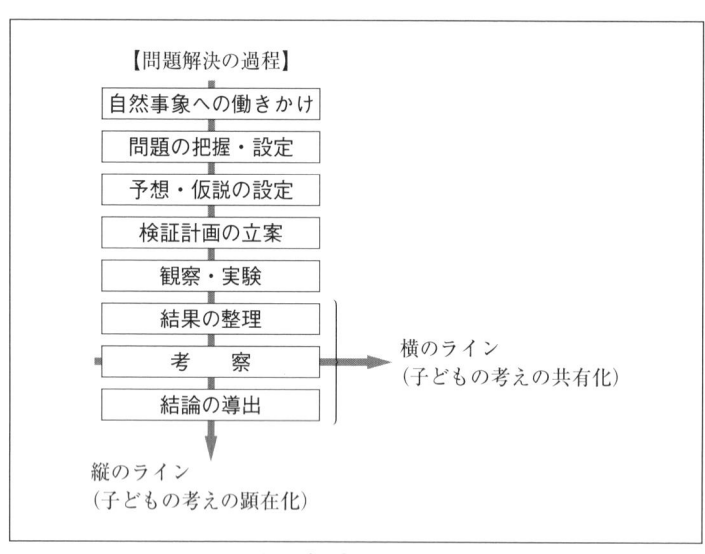

```
【問題解決の過程】
　自然事象への働きかけ
　問題の把握・設定
　予想・仮説の設定
　検証計画の立案
　観察・実験
　結果の整理
　考　　察　　→　横のライン
　結論の導出　　　（子どもの考えの共有化）
　　↓
縦のライン
（子どもの考えの顕在化）
```

■図2　問題解決の縦と横のライン

まず，縦のラインですが，自分が立てた予想や仮説はどんなものだったか，自分は何をしようとしてこの実験を行い，この結果から何が言えるのかという個人の考えを中心とした「縦のライン」です。

次に「横のライン」ですが，グループの結果を黒板に並べたとします。5グループあるのなら5つ並べてグループの結果を全体の結果に広げます。並べてみると，グループごとの結果は，食い違うところがあるでしょう。どれだけ信憑性を高めたとしても，人間のしていることなので当然そうなります。それを見合いながら，学級全体におけるデータの「共通性」や「傾向性」を見ていくことが大事です。それが結論に結びつくとともに，客観性のある見方や考え方になるのです。こうしていくことで，一般化され，科学的な見方や考え方につながっていくのです。

データを並べて「何か，気付いたことはない？」と先生が働きかけると，子どもたちは必ず「ここが違う」「あそこが違う」と言います。まずは差異点ばかりに目がいって，共通点には目がいかないのです。差異点に気づくことは大事ですが，いっぽうで，そこに共通することを見つけるのも重要なのです。

例えば，実験結果を折れ線グラフで表したとします，線が上がったり下がったりするものがあります。

「これは，下がっているのか上がっているのか」と聞いたところ，子どもたちは「ある部分では下がっている，ある部分では上がっている」と答えます。それでもさらに「結局，どうなんだ」と言うと，「下がりながら上がりながら右肩上がりに上がっているから，これは上がっている」という考えに至ります。こういう見方も重要だということを授業の中に埋め込んでほしいのです。

そのためには，板書はとても大切なツールとなります。前述した問題解決の「縦のライン」と，子どもの考えの共有化を図ったり，子どもの考えの傾向を見ていく「横のライン」，この縦と横のラインによって，「結果から何が言えるのか」といった結論を導き出す授業が構

築できるのではないかと考えています。「結果から何が言えるのか」ということについては，これまで有効な指導法も見つからず，実際にそれほど時間も取ってこなかったというのが実情でしょう。

● 一回性の授業を創造する

このようにして営まれる問題解決による授業というのは，一回性のものです。二度と同じ授業はできません。プロ野球でいえば二度と同じ試合はできないのと同じです。だからこそ，プロ野球にも授業にも，「感動」があるのです。

子どもたちに対して「こう言えば，こうなる」とか「こう言えば，こう動く」という法則はありません。

それでも基本線や傾向はあることでしょう。その基本線や傾向をどう読み取って，どうとらえていくかということは，まさに教師の力量にかかっていると思います。マニュアルのとおりにやっていれば誰にでもできるのなら，教師という仕事に醍醐味はありません。失敗することもありますが，あきらめずに子どもたちにぶつかっていく，だからこそ，教師は，命をかけ人生を託せる仕事だと私は思っています。

理科の授業は，一回一回が，そのような貴重なチャンスなのです。

3　理科教育の課題

● 理科を学ぶ有用感を育てる

いま理科教育で課題とされていることの1つに，「子どもが，理科を学ぶ有用感や科学を学ぶ意義を感じられない」というものがあります。このことは，いろいろな調査からわかってきました。

子どもたちは理科が大好きです。「好きな教科はどれですか」と聞くと，理科は必ずベスト3に入ります。しかし「どの教科の勉強が大切ですか」と聞くと，理科はあがってきません。これは，自然現象が子どもたちにとって実は身近ではないということです。草花が身近にあっても，それにかかわる時間が十分にないということを意味します。

加えて，科学技術が進歩しすぎて，ブラックボックス化しています。例えば，ICレコーダーの構造などを説明できる一般人はほとんどいないでしょう。昔はテープのリールがぐるぐる回って，ここに何かが記録されるということが何となくイメージできました。しかし，アナログからデジタルに転換されたことで，普通の人間が解釈できる範囲を超えてしまったのです。

つまり，子どもたちにとっての科学とは，まったく「他人事」であり，専門家に任せっきりのものとなりつつあります。そういったところを変えていく必要があると思っています。

● **学校で習う理科は子どもにとって科学のすべて**

　理科の授業で扱う教材やそこで身につける見方や考え方は，子どもの将来や日常生活の中で役に立ちます。そのきっかけを授業でつくっていく必要があるのではないでしょうか。というのは，理科の勉強の中心は，やはり学校なのです。家でも塾でも，受験勉強以外に理科の学習はあまりありません。学校の理科の学習は，まさに子どもにとっては科学の大部分であると考えたほうがよいでしょう。それゆえどんな授業を構築するかは，今後の大きな課題になるのです。

　だから，先生方には，このような点も踏まえて，『体験』と『言語』で織りなす問題解決の授業を考えてほしいのです。理科という教科には「体験」と「言語」の両方が必要であり，どちらか片方ではなく，両方に重きを置いて，両方のバランスをうまく取ることが，授業者である先生方に求められる力量だととらえていただければと思います。

● **理科は教材研究が命**

　これまで述べてきたように，「予想した」ことを証明したり，「考えた」ことを実現するのが理科であるととらえていただければよいと思います。そのためには，何をもとにしてどう考えるかという最初の体験，教材とのかかわりが大事です。

　教師がどのような教材を用意するかが大きなポイントになるので，理科は「教材研究が命」といわれるのです。何かのテキストがあって，それを読み取るということではないのです。対象とのかかわり，すなわち，体験から多くのことを学ぶのが理科です。

4　評価の改訂のポイント～1つのパターンで整理して評価の負担を減らす

● **評価の観点の変更点とその経緯**

　ここまで，ぜひ取り組んでいただきたい理科の授業の工夫・改善について述べてきました。後半は，授業と表裏をなす評価，授業改善に生かす観点別学習状況の評価について，重要なポイントを説明します。

　今回の学習指導要領では，評価の観点の「表現」の位置づけを表1のように変更しました。

　文部科学省が行った教師に対する意識調査をもとに，評価のワーキンググループで検討したところ，ほかの教科・領域・学校種では，「関心・意欲・態度」が評価しにくいというのに対して，小学校理科は，「科学的な思考」が評価しにくいという結果が出てきました。

　「科学的な思考」を評価しやすくすることが，今回の大きな命題だったのです。この「科学的な思考・表現」をどのように整理していくか，そして「観察・実験の技能・表現」から，「表現」が抜けた「観察・実験の技能」を，どのように評価するかが，ポイントだととらえています。

■表1　評価の観点の変更点

```
         〈旧〉                          〈新〉
「自然事象への関心・意欲・態度」  ────→  「自然事象への関心・意欲・態度」

「科学的な思考」              ────→  「科学的な思考・表現」

「観察・実験の技能・表現」      ────→  「観察・実験の技能」

「自然事象への知識・理解」      ────→  「自然事象への知識・理解」
```

● 「科学的な思考・表現」のポイント～子どもの考えを顕在化させて評価

　前述の「問題解決のプロセスを踏まえた授業の展開」の「言語Ⅰ」(P99) のところでも述べましたが、「科学的な思考・表現」という観点のポイントは、子どもが考えたことを「顕在化」させることです。子どもの考えを顕在化、つまり表出させたものを評価していきますから、科学的思考・表現の評価としてはしやすくなります。考えても何も表現しない子どもはCとなるわけです。いままでは何もしないでじっとしている子どもを見て、AかBかCかわからないから、とりあえずBにしようなどということもあったのではないでしょうか。

　科学的な思考を顕在化させる場面を小学校理科では明確にしました。実験・観察の前と後の部分です (P97図1を参照)。

　前の部分では、見いだした問題とそれに対する予想や仮説をもち、それらを言語活動を駆使しながら指導し、評価していくこととしました。

　実験・観察の後では、そこから何が言えるのかということを「科学的な思考・表現」の2つ目の評価のポイントとしてとらえて、『評価規準の作成、評価方法等の工夫改善のための参考資料　小学校　理科』（国立教育政策研究所、教育出版。以下『参考資料』）に、設定例を示しました。小学校の理科全31単元をこの考え方で整理しています。

● 「観察・実験の技能」のポイント～実験・観察を記録するまでが「技能」

　観察・実験の「技能」のほうは、これまでの「表現・技能」から「表現」を移動しました。実験・観察を記録するところまでが「技能」です。実際に実験をして、その結果をカードやノートに記録します。例えば、何℃で沸騰したなど、データを残すところまでが「技能」です。観察の事実として子どもがまとめていることについては、技能的に見ていくということです。

● 「関心・意欲・態度」の評価～A評価をどう見取るか

　基本的に、子どもはみんな理科が好きですから、事象提示をしたら、それをくいいるよう

に見る子どもが多いです。ほとんどがB評価になります。よほどのことがないかぎりCということはないと考えてよいと思います。「関心・意欲・態度」のほうが「思考」よりも評価しやすいわけです。

課題は，「A評価をどう見取るか」ということです。A評価にする子どもは，授業が終わったあともそれに継続的にかかわったり，あるいは何度もかかわったりします。家へ帰って見たことを，学校で先生に話してみたりする姿を見せた子ととらえてもよいでしょう。

●観点別評価の総括〜問題解決のプロセスに沿う

理科の総括については，『参考資料』にも載せています。1時間に1ないし2観点の評価をABCとすることは，前回と変わりません。

「関心・意欲・態度」は最初あるいは終わりのほうで評価します。次に，予想や仮説の「思考・表現」が位置づいてきて，さらに「技能」がきて，また「思考・表現」，最終的には「知識・理解」を評価する流れになっています。問題解決のプロセスとして考えたときに，観点としてどこを重視するかが明確になっています。

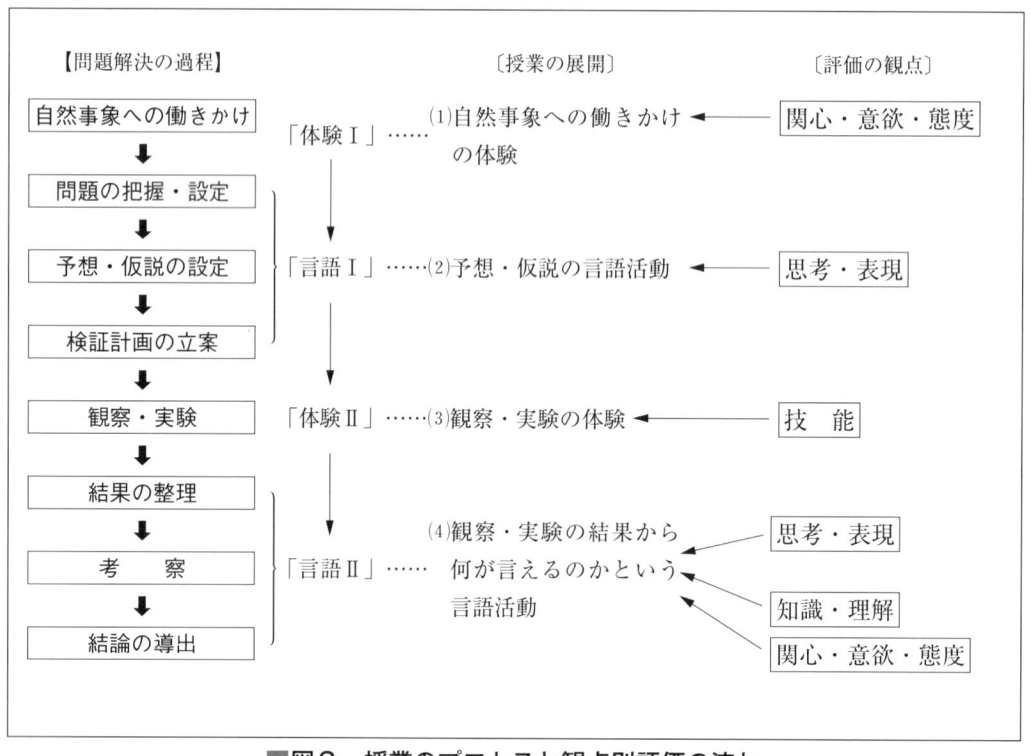

■図3　授業のプロセスと観点別評価の流れ

例えば，G児（小6）の「思考・表現」の評価はA，B，Bです。これはBが2つで，総

括はBなのですが，重要なのは第2次の2つ目のBです。

事例1 （G児）

次	時	関心・意欲・態度	思考・表現	技能	知識・理解
第一次	1	A			
	2 3			B	
第二次	4 5		A	B	
	6 7		B	A	
	8				B
第三次	9 10	A	B		
単元の総括		A	B	B	B

ここは，結果から何が言えるかを考えている場面，問題解決の能力でいう「推論」の力を発揮するところです。6年生は推論を重視しますから，もしここがAであれば，ほかがB，Bであっても，この子はAと評価してもよいと考えられます。

ある場面を2つの観点で評価するときに，例えばA，Bと評価した場合，どちらを重視するかということはあると思います。理科では，そのあたりは比較的判断に迷わないと考えます。

❺ 『評価方法等の工夫改善のための参考資料』から～評価の実際の手順

『参考資料』にはいくつかの事例が掲載されています。これらの活用の仕方のポイントは以下のとおりです。

●第1事例～単元全体の指導と評価の基本的な流れ

この事例で見ていただきたいのは指導計画と評価計画の流れです。「問題解決」を意識してつくりました。

理科はほかの教科と違って問題をしっかり設定して，それに対する自分の考えを追究します。予想させて計画を立て，実験して調べ，最終的にはこういった見方，考え方をもつという一連の流れを意識しています。

そして理科の場合は，単元の評価規準がそのまま指導計画に合致するように評価規準をつくっています。単元の評価規準を，指導計画の評価規準につくり直して，さらに本時につくり直すということはありません。それが今回のわかりやすさにもつながっていると考えてよいと思います。

●第2事例～本時案における評価の具体

第2事例は「本時案」が出てきます。この本時案は2時間で「観察・実験の技能」と「科学的な思考・表現」を評価している例です。授業をどう展開し，子どもの姿をどのように見取ったらよいのか説明しています。

教師が困ることとして，問題に対する予想や仮説が，科学的な見方や考え方に至らない場

合，それから立てた予想や仮説と最終的な結論が違う場合があります。実験をして，考えが変わるあたりをどのように評価したらよいかを紹介しているのが，第2事例です。

それから事例の末尾で「科学的な思考・表現」を，子どもの記述のどこで見ていくかを，具体的に示しています。まず図と文を重視し，問題に対する予想や仮説と，観察の事実や実験のデータをしっかり書いているか，そこから何が言えるのかを書いているかを見ます。

●第3事例〜実験を伴わない単元は行動観察が中心

第3事例は，第4学年「人の体のつくりと運動」で，骨格模型や図鑑あるいは自分の体を使いながら調べていく単元です。このような実験を伴わない単元の評価は，子どもの調べている姿を見ます。自分の体を触りつつ，図鑑も見ているかどうか。ただ図鑑を見ているだけではなくて，「あっ，こうなっているんだな」ということが行動観察として見取れれば，これはA評価と考えてよいのではないかという例です。そして，それを記録として残しているかどうか，その辺りも含めた技能の評価の例です。

●第4事例〜客観的に冷静に子どもを見る

第4事例は，第3学年「身近な自然の観察」です。ここでは学習カードに書き込む活動がありますが，「書きなさい」と教師が言わないと書かない子どもはいます。しかし，授業のなかで見られる子どもの姿があるわけで，そういう姿を見取ったうえで，たとえ学習カードに書いていなくても，AかBと評価できるのではないか，という事例です。

また，第4事例の最後に「学習した天気の規則性を当てはめて，日常生活で活用していこう」という教師の投問に対して書かれた学習カードがあります。F児のカードには「こんなふうに活用できる」というのが6項目書いてあり，G児のカードには3項目しか書いてありません。自分で書いた項目のうち実践したものにはシールをはるのですが，F児もG児もシールは3枚です。したがって，F児もG児も「活用」という点では，同じ評価をしてもよいのではないかということです。

おわりに

●各学校で指導計画及び評価を立てるポイント

理科は移行措置で先行実施されてきたので，学習指導要領全面実施に入る前に指導計画ができ上がっている学校がほとんどだったと思います。今回，「実感を伴った理解」という目標と内容が追加されましたが，基本的に理科教育の考え方は変わりません。それほど混乱なく実施されているようです。

小学校理科では「問題解決能力」を重要な柱にしています。

> 「問題解決の能力」を，3年生では，比較する力
> 　　　　　　　　　4年生では，関係づける力
> 　　　　　　　　　5年生では，条件を制御する力
> 　　　　　　　　　6年生では，推論する力
> 　　　　　　　　　　　　　　　　　　と設定しています。

このように学習指導要領の解説で明確に位置づけています。
　「問題解決の能力」を中心に，どのような対象をA区分，B区分で学んでいくかということで，整理しやすく，指導計画は立てやすいのではないかと思っています。

●『小学校理科の観察，実験の手引き』（文部科学省）を参考に

　今回，『小学校理科の観察，実験の手引き』を作成して各教育委員会及び関係者に配布しました（http://www.mext.go.jp/a_menu/shotou/new-cs/senseiouen/1304651.htm）。

　これは，理科を苦手とする先生方を対象に作成していますので，手引きのポイントをおさえて，観察・実験を実施してほしいと思います。観察・実験の前と後に言語活動があるから，そこを見て，評価の対象にしましょうということです。

　ただし，この手引きはあくまでも1つの例示です。理科の授業は，このとおりなぞらえるということではありません。やはり子どもが主体的に取り組んでいる姿を見取り，指導しながら，問題解決のステップを踏んでほしいです。

　小学校では理科を苦手とする教師が多いのです。問題解決とは何かとか，問題解決をどのように展開したらよいかがわからない実態があります。本稿をきっかけに，これを乗りこえていただければと，心より願っています。

モデル授業 I

[B区分「生命・地球」/「科学的な思考・表現」の指導と評価]

第4学年 月と星

観察を通して科学的な見方や考え方, 豊かな心情を育む

杉野　さち子　札幌市立山の手小学校

1 単元の目標

　天体について興味・関心をもって追究する活動を通して, 月や星の動きと時間の経過とを関係づける能力を育てるとともに, それらについての理解を図り, 月や星に対する豊かな心情を育て, 月や星の特徴や動きについての見方や考え方をもつことができるようにする。

2 単元の評価規準

自然事象への関心・意欲・態度	科学的な思考・表現	観察・実験の技能	自然事象についての知識・理解
①月や星の位置の変化, 月の明るさや色に興味・関心をもち, 進んで月や星の特徴や動きを調べようとしている。②月や夜空に輝く星から自然の美しさを感じ, 観察しようとしている。	①月や星の位置の変化と時間や, 星の明るさや色を関係づけて, それらについて予想や仮説をもち, 表現している。②月や星の位置の変化と時間を関係づけて考察し, 自分の考えを表現している。	①必要な器具を適切に使い, 月や星を観察している。②地上の目印や方位などを使って月や星の位置を調べ, その過程や結果を記録している。	①月は日によって形が変わって見え, 1日のうちでも時刻によって位置が変わることを理解している。②空には, 明るさや色の違う星があることを理解している。③星の集まりは, 1日のうちでも時刻によって並び方は変わらないが, 位置が変わることを理解している。

3 単元の概要

　本単元では, まず昼間に見える半月を観察し, 月の動きに着目させることで,「動きを調べたい」という願いをもたせる。次に, 月の動きがわかったことから, 星の動きを調べていく。さらに, 季節が変わってもきまりがあてはまるのか調べ, 夜空の美しさを感じさせる。

4　本単元の授業づくりのポイント

（1）既有経験から学習をスタートする

　子どもは，月や星はふだんから目にしており，月の形や位置が変化することや，星にはさまざまな明るさや色があることには気付いている。本単元では，身近な存在である月や星について，月の形，星の明るさや色，そしてそれぞれの位置が時刻によって変わるという科学的な見方や考え方をもつことがねらいである。本学習を通して，いっそう月や星を身近に感じ，夜空の美しさを感じる豊かな心情を育てる。

　そこで，ふだん見ている月や星に対する子どもの既有経験を引き出し，そこから学習をスタートする。「月は夜に見える」「月は黄色い」などと考えている子どもに，昼間に見える半月を観察させることで，「あれ，月は昼にも空にあったんだ」「見ているうちに位置が変わったよ。月って動くのかな」と，学習に対する意欲を喚起する。

　また，半月の動きについて予想する場面では，第3学年B（3）「太陽と地面の様子」の既習事項を想起させ，太陽の動きをもとに月の動きを予想できるようにする。

　このようにして，既有経験や既習事項を生かした言語活動を通して学習を進めることで，自らの経験をもとに考え，判断する力を育てていく。

（2）観察や記録の仕方を工夫する

　子どもにとって，夜空の様子の変化をとらえることは簡単ではない。授業の中で半月を観察しながら，方位磁針で位置を調べたり，握り拳で高さを測ったり，目印となる建物を記したりするなど，観察や記録の仕方をしっかり習得できるようにする。宿泊を伴う行事や移動天文台などを利用するなど，何度も観察し，記録できる機会があるとよい。

　また，記録をもとに考察する場面では，家で観察した方位を教室での方位に置き換えながら，それぞれの観察記録を全体で共有できるようにする。その際，教室に方位を示したり，月の模型を掲示したりすると，時間や空間の認識をもつ上で効果的である。このような指導の工夫が，「地球」の内容の学習で，子どもの思考力や表現力を育む一助となる。

（3）問題意識をもち繰り返し観察する

　月や星についての定点観察の方法を身に付け，学習が終わってからも夜空に興味・関心をもち続ける態度を養うために，問題意識をもって何度も夜空を観察するように単元を構成する。まず，第1次では，昼間に見える半月がどのように動くのかという問題を解決しようと観察する。得られた結論が，月の形が変わってもいえるのかという問題をもとに満月を観察する。次に第2次では，月の位置が変化したのだから，星も変化するのではないかという問題を見いだし，星の観察を行う。この後，観察日記など継続的に取り組める工夫をする。さらに第3次で，季節を変えても同じことがいえるのかという問題をもち，星を観察する。

　このような子ども主体の問題解決の過程の中で，月や星の動きと時間とを関係づけるという思考，判断，表現を繰り返しながら，これらについて実感を伴った理解を図るようにする。

5　指導と評価の計画（全9時間）

時	学習活動	教師の支援・留意点	評価規準及び評価方法
第1次 5時間	[活動のきっかけ] ○昼間に半月を観察する。 ・見ているうちに位置が変わったよ。 ・半月はこの後どちらに動くのかな。 【問題】月はどのように動いているのだろうか。 ○半月の動き方について予想する。 ・上の方に動いたから，この後もっと上に行くのではないかな。 ・太陽と同じように，動くと思う。 ○半月の動きを調べ，記録する。 ○半月の動きについて考察する。 ・南の高い位置から西の方に動いたよ。 ・動き方が太陽と似ているね。 ・月は，いつでも同じように動くのかな。 ○満月の動きを予想し，観察したり映像資料を用いたりして調べる。 ○月の動きについて考察する。 【見方や考え方】月は，日によって形が変わっても，東から出て南を通って西の方に沈む。	◇月の位置の調べ方を指導する。 ◇既有経験や既習事項を引き出し，半月の動き方について話し合わせる。 ◇予想の違いを位置づけ，半月の動き方を調べたいという願いをもたせる。 ◇夜間の観察について安全指導する。 ◇持ち寄った記録をもとに，教室内の方角に置き換えて話し合わせる。 ◇プラネタリウムなどの施設や映像資料などを活用する。	関心・意欲・態度① 発言分析・記録分析 思考・表現① 記述分析・発言分析 技能② 記録分析 思考・表現② 記述分析・発言分析 技能① 行動観察 知識・理解① 記述分析
第2次 3時間	[活動のきっかけ] ○夏の星空を観察し，星や星座の名前を調べる。 ・色々な色や明るさの星があるね。 ・星座も月と同じように動いているかな。 【問題】いろいろな星も，動いているのだろうか。 ○星の動きについて予想する。 ○星の動きを観察し，記録する。 ○星の動きについて考察する。 【見方や考え方】星は，さまざまな色や明るさがあり，並び方は変わらないが，位置は変わる。 ・他の星も，同じように動くのかな。	◇移動教室などの機会や映像資料などを活用する。 ◇星座早見の使い方を指導する。 ◇夜間の観察について安全指導する。 ◇方角による星座の動きを確認する。	技能① 行動観察 思考・表現② 記述分析・発言分析 知識・理解②③ 記述分析
第3次 1時間	○冬の星空を観察したり資料を用いて調べたりする。 ○方角ごとの星座の動きをまとめる。	◇観察日記など，継続的に取り組めるようにする。	関心・意欲・態度② 行動観察・記録分析

第4章　理科

❻ 指導の具体例（第1次　第2・3時）

本時の目標
・半月の動き方について予想し，調べて記録した結果と予想や仮説を照らし合わせて考察し，自分の考えを表現することができる。

本時の展開

主な学習活動	教師の支援◇・評価◆
[活動のきっかけ] ○前時に昼間に見える半月を観察している。 ・見ているうちに位置が変わった。どちらに動くのかな。	◇方位や高さなど，月の位置の調べ方や記録の仕方を指導する。
問題 月はどのように動いているのだろうか。	
1　半月の動き方について予想する。 ○半月はどのように動くのか予想し，話し合う。 ・見ているうちに上の方に動いたから，この後もっと上に行くのではないかな。 ・半月は東にあったから，太陽と同じように，西の方向に動くと思う。 ・どのように動くのか，夜も続けて見てみたいな。	◇既有経験や既習事項を引き出し，半月の動き方について話し合わせる。 ◇予想の違いを位置づけ，半月の動き方を調べたいという願いをもたせる。 ◆科学的な思考・表現① 　半月の位置の変化と時間を関係づけて，それについて予想や仮説をもち，表現している。 （記述分析・発言分析）
2　半月の動きを調べる。 ○時間を変えて半月の動きを調べ，記録する。 ・昼間の位置や高さと変わっているかな。 ・1時間後にまた調べてみよう。 ・カードに目印をかいて，動きがわかるようにしよう。	◇帰宅後の観察となるので，夜間の観察について安全指導する。 ◆観察・実験の技能 　地上の目印や方位などを使って半月の位置を調べ，その過程や結果を記録している。 （記録分析）
3　半月の動きについて考察する。 ○記録をもとに，半月がどのように動くのか考え，説明する。 ・8時には南の空の高い位置にあったよ。 ・8時半には西に見えた。高さは10°くらい低くなった。 ・南から西に動くのだね。 ・昼間に見たときは東に見えたから，東→南→西に動く。 ・南に見えるときが80°で一番高かった。 ・半月は太陽と同じように動くようだ。 ・月は，いつでも同じように動くのかな。	◇持ち寄った記録をもとに，教室内の方角に置き換えて話し合わせる。 ◇星空に見立てた教室に，半月の模型を貼り，視覚的にイメージしやすくする。 ◆科学的な思考・表現② 　半月の位置の変化と時間を関係づけて考察し，自分の考えを表現している。 （記述分析・発言分析）

111

7　授業の実際

前時に，昼間に見える半月を観察し，時間が経過すると半月の位置が変わることに気付いている。子どもは，「半月がどのように動くのか調べたい」という願いをもった。

ここでは，予想や仮説をもつ場面と，観察結果から考察する場面において，子どもの発言や記述を分析し，「科学的な思考・表現」の観点から評価するとともに，指導の改善を図った。

〔予想や仮説をもつ場面〕

子どもは，午後2時半から3時の間に，半月が南東からやや南寄りに位置を変えることを見つけている。D児は，「最初より高くなったから，南に向かってどんどん高くなっていくと思う」と予想し，図に表した。E児は，「太陽は東から出て，南で一番高くなって，西に沈んだ。半月も同じように，この後一度高くなって，西に沈むのではないかな」と，黒板に半月が動くと予想される軌道を描いた。どちらの子どもも，根拠をもち，問題に正対した予想を立てているので，「おおむね満足できる」状況であると判断した。

一方，F児は，観察記録はあったが，この後どのように変化するのか記述がなかったので，「努力を要する」と判断した。F児には，2回の観察結果を比較させ，月の位置が変わっていることを改めてとらえさせることで，この後の動きを予想して記述するように助言した。

〔結果を考察する場面〕

子どもは，帰宅後に半月のその後の位置の変化を調べてきていた。結果について発表させながら，それぞれ月の位置を教室の中に表していった。例えば，「7時に南に近い東で，高さは60°くらい」という発言に，教室の南南東の方角，60°程の高さに半月の模型を貼り付けた。複数の半月が教室に貼られた段階で，半月の位置の変化について考察させた。D児は，「半月はどんどん高くなると思ったけど，8時頃にいちばん高くなって，その後西の方に低くなった。半月は，東から南，西の順で動くと思う」，指で空中に弧を描いて説明した。観察結果を分析的にとらえ，自分の予想を修正して半月の位置の変化について判断し，表現しているので，「おおむね満足できる」と判断した。G児は，「半月も太陽も同じように，時間がたつと東から南の高い位置へ動いて，その後西に沈む」と，太陽の動きも図に表しながら説明した。月の位置の変化と時間経過とを関係づけて考察しているだけでなく，例を示しながらわ

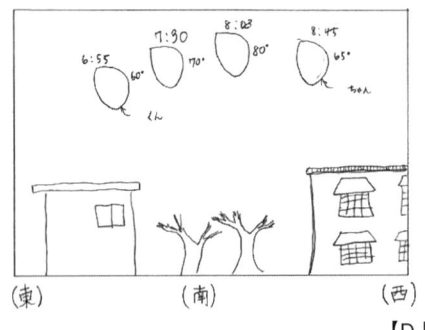

【D児の観察カードと考察】

かりやすく説明しているので,「十分満足できる」と判断した。

8 授業実践についての考察

(1) 既有経験から学習をスタートする

いつも見ている月や星でも,子どもにとって,時間の経過とともに位置が変化することを予想したり考察したりすることは難しい。これまでに見た経験,得た情報,太陽の学習で学んだことなどを言語活動の中に取り入れた学習を計画することは,根拠をもって予想したり事実をもとに考察したりする力を育てる上で,有効であるといえる。

(2) 観察や記録の仕方を工夫する

考察する場面で,それぞれの子どもの観察記録を共有できるように工夫したことで,連続した複数のデータが得られ,そこから思考し,表現することができた。空間的な認識には個人差が大きいため,何度も実際に観察して記録するという経験は思った以上に必要だということがわかった。単元の導入で,夕方に見える下弦の月を扱ったが,後半には朝見える上弦の月でも観察を行った。「満足できる」状況の児童は,上弦の月や満月の観察によって得た見方や考え方を適用して考えることができ,「努力を要する」状況の子どもには,新たな見方や考え方を獲得することができた。

(3) 問題意識をもち繰り返し観察する

本単元では,学習が進むほど児童が観察カードをもってくる回数が増えていった。「動きを明らかにしたい」という願いから問題を見いだし,解決する課程を繰り返す中で,見方や考え方を高めていくことができたからだと考える。「次はふたご座の動きを調べたい。カシオペヤ座も,30分おきに観察して動きを調べよう」など,獲得した知識を他の星座に適用したり,調べるための構想を練ったりする姿が見られた。子ども主体の問題解決をしてきたからこそ,科学的な見方や考え方を生活の場に広げていくことが可能になると考える。

村山哲哉 教科調査官による ワンポイントアドバイス

基本的に月と星は学校では見られないので,授業がしにくいところがある。昼間の学校でどのようにして月や星に興味・関心をもたせ,観測の技能を身につけさせるか,ということである。4年生という発達を考えて,一本調子にならないように授業を工夫する。ある程度の定点観測の仕方を教えたら,観察した事実を整理するためにプラネタリウムや映像を活用したりする。いろいろなメディアを使いながら子どもたちに見方や考え方を構築していく。「金環日食」が話題になったが,宇宙空間に対するあこがれや希望をもってほしい。宇宙には,まだまだ未知のところがたくさんある。未知へのあこがれをかきたてるという意味でも,本単元は重要だと考える。

モデル授業Ⅱ

［A区分「物質・エネルギー」／「科学的な思考・表現」の指導と評価］

第5学年 物の溶け方

「身近さ」を効果的に生かす問題解決の授業

牧野　理恵　札幌市立二条小学校

1 単元の目標

物が水に溶ける規則性について条件を制御して調べる能力を育てるとともに，それらについての理解を図り，物の溶け方の規則性についての見方や考え方をもつことができる。

2 単元の評価規準

自然事象への関心・意欲・態度	科学的な思考・表現	観察・実験の技能	自然事象についての知識・理解
①物を水に溶かし，物が溶ける量や水の量と温度を変えたときの現象に興味・関心をもち，自ら物の溶け方の規則性を調べようとしている。②物が水に溶けるときの規則性を適用し，身の回りの現象を見直そうとしている。	①物の溶け方とその要因について予想や仮説をもち，条件に着目して実験を計画し，表現している。②物が溶ける量を，水の温度や水の量と関係づけて考察し，自分の考えを表現している。	①物の溶け方の違いを調べる工夫をし，ろ過器具や加熱器具などを適切に操作し，安全で計画的に実験をしている。②物の溶け方の規則性を調べ，その過程や結果を定量的に記録している。	①物が水に溶ける量には限度があることを理解している。②物が水に溶ける量は水の量や温度，溶ける物によって違うことや，この性質を利用して，溶けている物を取り出すことができることを理解している。③物が水に溶けても，水と物とを合わせた重さは変わらないことを理解している。

3 単元の概要

本単元ではまず，ミョウバンが水に溶ける様子を観察し，溶けて見えなくなったことに着目させることで，「水に溶ける限度を調べたい」という願いをもたせる。次に，溶ける限度がわかったことから，温度や水の量の変化による限度の変化を調べていく。さらに，物を水に溶かす前後の全体の質量などを調べ，溶けた物は水の中にすべてあることをとらえる。こ

のような問題解決の過程で，見えないものを対象として子どもが問題を解決していく姿を生み出す。

④ 本単元の授業づくりのポイント

(1) 子どもにとっての「身近さ」を取り入れる。

　身近さとは，その物とのかかわりがどれ程あるかが重要となる。食塩は身の回りにある物ではあるが，実際に食塩を水に溶かしたことがある子どもは少なく，食塩が水に溶けることは子どもにとって身近とはいえない。問題解決を考えるとき，子どもにとっての「身近さ」を生かして，学習を計画することが効果的である。この単元で注目した身近さは，「溶け残りを溶かそうとするとき温度を上げればいい」という子どもの見方や考え方である。本単元では，ミョウバンの溶け方を調べることを第1次とした。身近さをとらえ，子どもの見方や考え方に沿った単元を構成することで，自らの経験をもとに考え，判断する力を育てていく。

(2)「可逆性」を柱にする。

　物の溶け方の規則性についての考えをもつには，「可逆性」をとらえる必要がある。本学習における可逆性とは，水の量や温度を変えることで，水の中に物を隠したり，出したりできるということである。5年生で育成する問題解決の能力は，自然の事物・現象の変化や働きをそれらにかかわる条件に目を向けながら調べることである。可逆性に着目することで，変化の要因を浮き彫りにし，5年生としての思考力や判断力を育成することができる。水の量や温度を，変化の要因とし，子ども自らが，その条件を働かせることで物が水に溶ける状態を変化させたり，元の状態に戻したりすることにこの単元のポイントがある。

(3) 子どもの「とける」という見方や考え方をとらえる。

　子どもがもつ「とける」という見方や考え方は，4年生で学習した三態変化の見方や考え方によるものが大きい。「氷が水にとける。チョコレートが暑くてとける」など，三態変化によるもののとけ方と，水の中で物が見えなくなるという「溶け方」を分化することに本単元のポイントがある。子どもは，溶けた物は味などを残して消えてなくなるという見方や考え方をもっている。水に溶かした物の量は，○gと数字で表すことができるが，水に溶けて見えなくなった水溶液の中の物の量について「この中には○gのミョウバンが溶けている」というイメージをもつことは難しい。そこで，この量を棒グラフに表すと，溶けている量が棒の長さなどとしてとらえることができ，水溶液の中の見えない溶けた物が視覚的にとらえやすくなる。また，「ミョウバンが40℃では○g，60℃では△gも溶けた」という事実から「では，その間の50℃ではどのくらいの量が溶けるのか」ということを推論することは，子どもにとって難しい。しかし，その数値をグラフとして線で結ぶことにより，水の温度と溶ける量の変化を連続的に見ることができる。このように結果を考察し，結論を導き出すときにグラフを効果的に活用することで，思考力や判断力を育成することができると考える。

5　指導と評価の計画（全17時間）

時	学習活動	教師の支援・留意点	評価規準及び評価方法
第1次 6時間	[活動のきっかけ] ○水の入ったメスシリンダーにミョウバンの粒を落とし、ミョウバンが水に溶ける様子を観察する。 ○ミョウバンを水に溶かし、気付いたことを話し合う。 **問題** ミョウバンは、水に限りなく溶けるのだろうか。 ○ミョウバンが水に限りなく溶けるかどうか予想や仮説をもつ。 ○ミョウバンを50mℓの水に溶かし、溶ける量に限度があるか調べる。 ○溶け残りが出るまで溶かす。 ○ミョウバンの溶け残りを水の温度を上げて溶かす。 ○水の温度が下がり、ミョウバンが析出したら、再び水の温度を上げて溶かす。 **見方や考え方** ミョウバンが水に溶ける量には限度がある。限度は、水の温度で変えられる。水溶液を冷やすと、水溶液に溶けている物を取り出せる。	◇少量のミョウバンを水に入れるように指示し、粒が溶けて次第に見えなくなる様子を観察するように助言する。 ◇ミョウバンが溶けて見えなくなった状態を取り上げ、「水溶液」の用語を指導する。 ◇ミョウバンの溶け方を調べるために実験で扱う水の量、一度に入れるミョウバンや食塩の量、溶かし方などをそろえるように事前に指導する。 ◇メスシリンダーの使い方を指導。 ◇実験結果を表やグラフにまとめるように助言する。 ◇生活経験などをもとに溶け残ったミョウバンを溶かす方法を考えさせる。	関心・意欲・態度① 発言分析・記述分析 思考・表現① 発言分析・記述分析 技能①② 行動観察・記録分析 思考・表現② 発言分析・記述分析 知識・理解①② 記述分析
第2次 6時間	[活動のきっかけ] ○食塩を水に溶かし、気付いたことを話し合う。 **問題** 食塩もミョウバンと同じような溶け方をするのだろうか。 ○食塩もミョウバンと同じような溶け方をするかどうか予想や仮説をもつ。 ○食塩を50mℓ水に溶かし、溶ける量に限度があるか調べる。 ○溶け残りを水の温度を上げて溶かす。 ○水の量を元に戻して、溶けるかどうか調べる。 **見方や考え方** 食塩も同じように溶ける量には限度がある。でも、限度は水の温度ではあまり変わらない。水溶液を蒸発させると溶けている物を取り出せる。	◇食塩を扱った経験を引き出し、食塩は身の回りにある物で、実験では薬品として使うことを確認する。 ◇同じような白い粉体である食塩の溶け方をミョウバンの溶け方をもとに考えさせる。 ◇ミョウバンの時と同じ条件で実験するように指導する。 ◇実験結果を表やグラフにまとめるように助言する。	関心・意欲・態度② 発言分析・記述分析 思考・表現① 発言分析・記述分析 技能① 行動観察・記録分析 思考・表現② 発言分析・記述分析 知識・理解② 記述分析
第3次 5時間	[活動のきっかけ] ○食塩やミョウバンが水に溶けた後、水の中にある証拠を考える。 **問題** 食塩やミョウバンは水に溶けると出たり消えたりするけど、中に全部あるのだろうか。 ○溶かす前と後の水溶液全体の重さや透明な水溶液に溶けているか調べる。 **見方や考え方** 食塩やミョウバンを水に溶かして見えなくなっても水の中にちゃんとある。	◇ろ過の方法について、教科書など使用して指導する。 ◇食塩やミョウバン、水が飛び散らないように丁寧に実験するよう助言する。 ◇蒸発皿を使って水を蒸発させる方法について指導する。	関心・意欲・態度① 発言分析・記述分析 知識・理解③ 記述分析

6 指導の具体例（第1次 第5・6時）

本時の目標
- ミョウバンの溶け残りを溶かす工夫をし，温度による水に溶けるミョウバンの量の変化について自ら行った実験の結果と予想や仮説を照らし合わせて考察し，自分の考えを表現することができる。

本時の展開

主な学習活動	教師の支援◇・評価◆
[活動のきっかけ] ○溶かしたはずの水溶液に溶け残りがあるのを見る。 ○溶け残りを溶かす方法を考える。	◇前日にミョウバンを全部溶かしきったことを確認する。
問題 溶かしきったミョウバンから，溶け残りが出てきたのは，どうしてだろうか。	
1　水の温度を上げると溶け残りを溶かすことができるか予想し，発表する。 ○水の温度とミョウバンの溶ける量にはどのような関係があるのか予想し，発表する。 2　水の温度を上げて，溶け残りが溶けるか調べる。 ○ガスコンロを使ってビーカーを温めて調べる。 ・温めると溶け残りが全部溶けた。 ・やっぱり，出てきた物はミョウバンだとわかった。 3　温めたあとのミョウバンの溶ける量の変化を考える。 ○温度によってミョウバンの溶ける量は，どのように変化するのか予想し，ワークシートに記入する。 4　実験方法を知り，水の温度変化によるミョウバンの溶ける量の変化を実験して調べる。 ○ミョウバンが全部溶けたら，さらにミョウバンを追加し溶け残りが出るまで溶かし続ける。 ○各班の実験結果をグラフに記入する。 ・水の温度を上げると，さらにミョウバンが溶けた。 ・温度を上げると水に溶けるミョウバンの限度を変えられる。 5　水の温度によるミョウバンの溶ける限度の変化から，ひと晩たってミョウバンが出てきた理由を記述説明する。 ○予想時に書いたワークシートを見直して，水の温度による水に溶けるミョウバンの限度の変化について記述し，説明する。 ・時間がたって出てきたのではなく，冷えた（水の温度が下がった）から出てきた。 ・同じミョウバンなのに姿が変わったのが驚いた。 6　意図的に水の温度を下げ，ミョウバンを析出させる。 ・冷え方（温度の下がり方）によって，姿を変える。 ・姿は変わるけど，水の温度の上下で出たり，消えたり，見えたり，見えなかったりする。 ○グラフからわかったことを話し合う。	◇溶け残りを溶かす場合，湯せんでは溶けないので直火にかける。そのとき，液が目や口に入ると危険である。安全めがねをかけるとともに，かき混ぜるとき飛び散らない等，慎重に実験するように指導する。 ◇析出した量が多いと，ミョウバンの塊になってしまう。この場合，温めると突沸する恐れがある。 ◇ミョウバンの温度による溶ける量の限度の違いに着目し，温度と析出する量との関係を考え，ワークシートに記入させて，子どもの考えを表出させる。 ◇実験結果をふまえて，予想時に書いたワークシートを修正し，溶かしたはずのミョウバンが析出した理由を説明させる。 ◇水溶液を冷やして，溶けているミョウバンを取り出し，その結果を説明する。 ◆科学的な思考・表現② 　温度によるミョウバンの溶ける量の変化について，自ら行った実験の結果と予想や仮説を照らし合わせて考察し，自分の考えを表現している。〈記録分析〉 ◇グラフからミョウバンの溶け方について説明する。
見方や考え方 水に溶けるミョウバンの限度は，水の温度を変えると変えられる。	

7 授業の実際

　前時の実験で子どもは、ミョウバンを溶かすとき「40℃にしたら、20℃より2倍溶けるはず」と自ら条件を変えた。そして、自分が予想したように結果が変わることに子どもは楽しさを感じていた。それが「さらに60℃にしたらどうだろう。60℃にしたい」と自分自身が目的をつくり、解決していこうという原動力となっていた。本時の場面は、ひと晩おいたミョウバン水にミョウバンが析出した事象に出合うことから始まる。子どもは、溶けた物は水の中にずっと入っていると考えている。その考えとミョウバンが析出してくる事象にはずれが生じる。「置いておいてもそのまま溶けているはず」なのに「全部溶かしたはずのミョウバンがでてきた」ことが子どもにとって問題なのである。そこには、自分が納得する「全部溶かしきったはず」とのずれがある。そのずれをうめるために析出してきた原因を考え、解決に向かった。「冷えたから出てきた」「時間がたったから出てきた」という個々の考えの違いが明らかになった上で、実際に温度を上げてミョウバンの結晶を溶かした。ここでは、予想や仮説をもつ場面と、観察結果から考察する場面において、子どもの発言やグラフを活用する様子を分析し、科学的な思考・表現の観点から評価するとともに、指導の改善を図った。

水にミョウバンを溶かし、観察する場面
「こんなに入れたから、消えているわけがない」
（質量保存の見方へつながる見方）

ミョウバンの再結晶を観察し、予想や仮説をもつ場面
「冷えたから出てきた」
「時間がたったから出てきた」
「塩ラーメンは、時間がたってもジャリジャリと塩は出てこないよ」
（物の状態変化の見方）
4年生での学習から温度が変わると「凍って出てきた」「重みで沈んだ」と水の中で物が溶けている様子を温度変化と状態変化からとらえようとしていることがわかる。

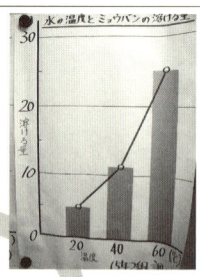

ミョウバンの溶け方を説明する場面
「だんだん溶けるよ」「ぐんと溶けるようになる」
　水溶液の中で起きていることは、目に見えないことが多い。そうした事象をイメージ化することで、自分の頭の中を整理し、その事象についての見方や考え方をもつ上で重要な役割を果たすと考える。食塩やミョウバンが溶けなくなる様子や、温めてその限度が変わっていく様子など、重要な場面でイメージ化をすることで、一人一人の水溶液に対する見方や考え方を育んでいくことができた。

「溶かしたミョウバンは全部出てきちゃったのかな」
〜変化を問うことで、グラフを使いたくなる　結果を考察する場面
「やっぱり、温度を下げるとミョウバンが出てくる」
「温度のせいだったんだ」
　水の温度を下げて、ミョウバンを析出させた時点では、ミョウバンが温度によって水に出入りするという見方でしかない。そこで、教師が「溶かした物が全部出てきたのか」と問うことで、もう一度、水の中の様子に目を向けさせた。温めることでミョウバンの溶ける量が増えていくことを図でイメージしていた子どもは、析出した量についてグラフを使って考えた。棒グラフの長さは、水の中に溶けている量である。棒グラフの上限は、その温度で溶ける量の限界を示している。水の中を可視化することにより「温度が上がると棒が伸び、下がると棒は短くなる。だからミョウバンは溶けていられなくなる」と析出を温度による溶けていられる限度ととらえることができた。

「ミョウバンが出てくる瞬間って」
息をのみ、出てくる瞬間を待つ姿

8 授業実践についての考察

(1) 子どもにとっての「身近さ」

子どもにとって物を溶かすために「温度」は大きな要因である。ミョウバンの溶け方では，温度によって思いどおりに溶ける量が増える。食塩は，温度によって溶ける量はあまり変わらない。温度ではなく水の量が物を溶かすために大きな要因である。

子どもは徐々に科学的な見方や考え方を身につけていく。自分のもっている見方や考え方ではどうしても説明がつかないとき，はじめて自分の見方や考え方を見直す活動が生まれてくる。このような姿を生むためには，自分が，物の溶け方に対しての見方や考え方をもっていないと見直すことはできない。自分の軸をもとに物を観察し実験を通して，事実と事実の関係をつくり変え，新たな意味を見いだすことで，子どもに科学的な見方や考え方が身につくのである。そのために，「温度を上げれば…」という子どもにとっての身近な考え方を効果的に使うことで，子ども自らが動き出す授業展開を可能にした。

(2) グラフの有効性

子どもは，4年生の既習を生かして表からグラフへ描き直す。変化をとらえやすくなるからと結果をグラフにまとめる。また，いくつかのグループの平均をとるためにグラフを活用する。しかし，子どもがグラフを描きたいときには，さらにいつくかの理由があることがわかった。それは，「変化を問われた」ときである。子どもは，条件を整理して自分の手で条件に変化をつける。その結果，得られる結果にも変化が生まれる。2つの結果だけでは，変化をとらえたとはいえない。最低でも3つ以上の結果を得たときに，変化を問うことができる。

このことから，子どもは，物の溶け方の傾向を自分たちで発見することができた。そこに意味づけや価値づけをしていくことで，グラフの有効性が発揮される。「点と点を結ぶとは？」「点と点の間にひかれた線の意味は？」「そのときの物が溶ける様子は？」など，グラフを学習の軌跡として扱うことが，グラフの有効性へつながると考える。

村山哲哉 教科調査官による ワンポイントアドバイス

本単元は，伝統的な単元だが，いまの子どもたちにはますます必要な科学的手続きを重視した単元である。物が溶けることによって，見えていた物が消える。消えることによって何が変わって何が変わらないのかを学ぶ。溶けて見えなくなっても重さは変わらないということが，本単元では非常に重要である。これは質量保存の概念にもつながるが，これはなかなか身につきにくい。人間は見た目に左右されがちである。粒子を対象としているが，見た目で判断してはならないということだ。そして，蒸発させることによって，溶けていたものが取り出せることを学ぶ。こういった操作を実際にしてみることはとても大事なことである。

モデル授業Ⅲ

[B区分「生命・地球」／「科学的な思考・表現」の指導と評価]

第6学年 人の体のつくりと働き

資料を活用し，相手に自分の言葉で表現し視覚からも自分の考えを伝える

成田　恵　北海道旭川市立緑新小学校

1 単元の目標

　生物の体のつくりについて興味・関心をもって追究する活動を通して，生物の体のつくりと働きについて推論する能力を育てるとともに，それらについての理解を図り，生命を尊重する態度を育て，体のつくりと働きについての見方や考え方をもつことができるようにする。

2 単元の評価規準

自然事象への 関心・意欲・態度	科学的な 思考・表現	観察・実験の 技能	自然事象についての 知識・理解
①生物の働きに興味・関心をもち，自らの体の内部のつくりや働きを調べようとしている。 ②生物の体のつくりや働きに生命の巧みさを感じ，それらの関係を調べようとしている。	①生物の体のつくりと働きやそのかかわりについて予想や仮説をもち，推論しながら追究し，表現している。 ②生物の体のつくりについて，結果と予想や仮説を照らし合わせて推論し，自分の考えを表現している。	①指示薬や気体検知管などを安全に使って呼気と吸気の違いを調べている。 ②ヨウ素液などを安全に使ってでんぷんの変化を調べている。 ③生物や資料から働きを調べ，その過程や結果を記録している。	①酸素が取り入れられ，二酸化炭素などが排出されていることを理解している。 ②食べ物は消化，吸収，排出されることを理解している。 ③血液は心臓の働きで体内を巡り，養分，酸素及び二酸化炭素を運んでいることを理解している。 ④体内には生命を維持するためのさまざまな臓器があることを理解している。

3 単元の概要

　本単元では，生物が生きていくために何が必要かを考える。そこから，吸う空気と吐く息の違いや，食べた物がどのように養分になっていくのかについて推論しながら追究していく。

その中で，生命を維持するための体の仕組みの巧みさに気付かせたい。

4　本単元の授業づくりのポイント

（1）子どもの問題意識を高める活動のきっかけ

　本単元では生物を扱うため，見ることのできない体内の仕組みや働きを学習する際，パソコンや本などの情報に頼ってしまう場面が少なからずある。そのため，問題意識が高まらないまま，また生物に対しての実体を感じないままに実験に入ってしまい「実験ありき」になるおそれがあるという問題点がある。そこで，「生物が生きていくためには何が必要なのか」について話し合いを設定し，今まで当たり前のように過ごしてきた事実について改めて意識させることで，「何のために呼吸をしているのか」「栄養をとるために食べてはいるが，どのような仕組みで養分を取り入れ，体中にいきわたらせているのか」など，問題点を焦点化させる活動を取り入れる。そうすることで，問題解決の軸となる子どもの問題意識が高まり，自分事として追究に臨むこととなる。

（2）子どもの問題を解決する体験の充実

　実験・観察は，理科の学習において中心となる活動である。しかし，本単元においては目に見えない空気や体内の消化などを扱うため，調べ学習やメディアの活用となってしまうこともある。そこで，体験を充実させるために，問題意識を高めさせて体験に入る。つまり，実験・観察の前の予想や仮説をしっかりと立て，何を知りたいのかを明確にした上で実験・観察に入る。また，できる限り少人数で実験・観察を行い，結果を目の当たりにできるようにする。気体検知管を出すタイミングも，教師側から突然出すのではなく，子どもが知りたいと感じた時に出す。そうすることで，自分事の問題を解決するための実験・観察となり，その後の考察につながるのである。

（3）体験と言葉をつなぐ手立て

　実験・観察の結果から考察を行うが，子どもの思考を途切れさせないような，体験と言葉をつなぐ手立てが重要である。気体検知管の実験から，すぐに呼吸の働きという言葉にはつながらない。働きにつなげるためには，「結果を表に表し結果の共有化を図る」「どこで酸素と二酸化炭素の交換が行われているのかメディアを活用する」，また循環の仕組みを理解するために「血液の流れに合わせて，酸素や二酸化炭素の運ばれる様子を劇化する」などの手立てが必要となる。そうすることで，体験からスムーズに言葉へとつながるのである。

（4）子どもの考えを表現させる工夫

　目に見えない物を表現することは難しい。そこで，酸素や二酸化炭素を○や△で表したり，成分の増減を帯グラフで表すなどの，表現の仕方を工夫させることも大切である。そうすることで，子どもは自分の考えを相手に伝えやすくなるのである。

5　指導と評価の計画（全18時間）

時	学習活動	教師の支援・留意点	評価規準及び評価方法
第1次 5時間	[活動のきっかけ] ○生物が生きていくためには，何が必要なのか話し合う。 **問題** 呼吸には，どのような働きがあるのだろうか。 ○吸う空気と吐いた息の違いをイメージ図などに書いて予想する。 ○気体検知管などを使って実験した結果と，予想を照らし合わせて考察する。 **見方や考え方** 呼吸には，吸った空気を肺に取り入れ，肺の血管を通して酸素を体内に取り入れ，二酸化炭素などを体外に出す働きがある。	◇空気，食べ物，水が出るように促す。 ◇「燃焼の仕組み」で学習した酸素や二酸化炭素を意識させる。 ◇酸素と二酸化炭素がどこで交換されているのか映像資料を活用する。	関心・意欲・態度① 発言分析・記述分析 技能① 行動観察・記録分析 思考・表現①② 記述分析 理解① 記述分析
第2次 5時間	[活動のきっかけ] ○ご飯をかんだ時の様子を話し合う。 **問題** 養分は，どのような仕組みで取り入れられるのか。 ○ご飯をよくかんだ時の経験などをもとに予想をもつ。 ○だ液によるでんぷんの変化をヨウ素液を使って調べ，その結果，予想，資料を活用して吸収の様子を考察する。 **見方や考え方** 食べ物は，口から胃，小腸へと運ばれながら消化されやすい物に消化され，小腸や大腸などで吸収される。吸収されなかった物は排出される。	◇給食時間にご飯をよくかませる。 ◇事前に，ご飯がでんぷんであることを理解させる。 ◇条件を制御して実験を行う。 ◇食べ物の通り道が，1つの管になっていることを資料を活用しておさえる。	関心・意欲・態度① 発言分析・記述分析 技能② 行動観察・記録分析 思考・表現①② 記述分析 理解② 記述分析
第3次 4時間	[活動のきっかけ] ○酸素や養分の運ばれ方を話し合う。 **問題** 酸素や養分は，どのようにして体中に運ばれていくのか。 ○臓器の位置，呼吸，消化で学んだことを血液の流れでつなげていく。 **見方や考え方** 心臓から送り出された血液が，体のすみずみまで流れていき，酸素や二酸化炭素，養分や不要になった物を運んでいる。	◇臓器の拡大図で位置を意識させる。 ◇心臓がポンプの役目をしていることを拍動や脈拍を測ることで体感させる。	関心・意欲・態度① 発言分析・記述分析 技能③ 行動観察・記録分析 思考・表現①② 記述分析 理解③ 記述分析
第4次 4時間	[活動のきっかけ] ○臓器の位置と役割について話し合う。 **問題** さまざまな臓器は，どのような働きをしているのか。 ○学んだことと臓器をつなげて考える。 ○資料やインターネット，解剖などで調べ，結果を整理する。 **見方や考え方** さまざまな体内の臓器は，関連し合いながら生命を維持するために働いている。	◇臓器の働きを意識させる。 ◇生命を維持するためにさまざまな臓器があることや，それぞれが関連し合っていることに気付かせる。	関心・意欲・態度② 発言分析・記述分析 技能③ 行動観察・記録分析 思考・表現② 記述分析 理解④ 記述分析

6　指導の具体例（第1次　第4・5時）

本時の目標
・吸った空気と吐いた息の違いを調べた結果やインターネットの映像資料と予想や仮説を照らし合わせて考察し，自分の考えを表現することができる。

本時の展開

主な学習活動	教師の支援◇・評価◆
第1・2時 ［活動のきっかけ］ ○生物が生きていくために必要な物について話し合う。 ・どうして生物はみんな呼吸をしているんだろう。 問題　呼吸には，どのような働きがあるのだろうか。 1　呼吸の働きについて予想する。 ○イメージ図や言葉で予想を書き，発表する。 ・吸う空気と吐いた息に，何か違いがあるんじゃないかな。 ・空気の中に，生きていくのに必要な物があるから呼吸をしているんだ。	◇なぜ，空気や食べ物，水が必要なのかを意識させながら話し合わせる。 ◇吸う空気と吐いた息の違いに着目させながら予想を立てさせる。
第3・4・5時 2　吸う空気と吐いた息の変化を調べる。 ○石灰水で二酸化炭素の増減を調べる。 ・やっぱり二酸化炭素が増えていた。 ・でも，どのくらい二酸化炭素が増えたのかな。 ・酸素はどうなのかな。 ○気体検知管・気体採取器の使い方を知る。 ○気体検知管・気体採取器で酸素と二酸化炭素の割合を調べる。 ○実験結果を黒板に記入する。 ・吸う空気の酸素は21％，二酸化炭素は0.03％だった。 ・吐いた息の酸素は17％，二酸化炭素は4％だった。 3　呼吸の働きについて考察する。 ○予想と照らし合わせて，酸素と二酸化炭素の増減についての呼吸の働きについて記述する。 ・でも，どこでこんなに素早く酸素と二酸化炭素を交換しているんだろう。 ・呼吸をすると，酸素はどこに入っていくんだろう。 ○インターネットを活用して肺の様子から，さらに考えを深める。 ・肺で交換されているんだ。 4　呼吸の働きについての結論を記述し，説明する。 ○問題と照らし合わせて，呼吸の働きについて記述し，説明する。 見方や考え方　呼吸には，吸った空気を肺に取り入れ，肺の血管を通して酸素を体内に取り入れ，二酸化炭素などを体外に出す働きがある。	◇「燃焼の仕組み」で学習した「二酸化炭素には石灰水を白くにごらせる性質がある」ことを想起させる。 ◇石灰水で二酸化炭素が増えた結果から，さらにどのくらいの変化なのか，そして酸素の変化はどのくらいなのかに着目させる。 ◇自ら実験を行うことができるように，気体検知管を用意するか，デジタル気体チェッカーを使うようにする。 ◇酸素用の気体検知管を使用した場合は，使用後，検知管が熱くなるので，やけどをしないよう注意して扱うように指導する。 ◇実験結果が共有できるように，黒板などに表でまとめる。 ◇結果から考察し，どこで交換されているのかに着目させる。電子黒板などを使うと，動画で見たり，書き込んだりできる。 ◆科学的な思考・表現② 　吸った空気と吐いた息の変化について，自ら行った実験の結果と予想，そして肺の映像を照らし合わせて考察し，自分の考えを表現している。〈記述分析〉

7 授業の実際

　ここでは，石灰水と気体検知管で酸素と二酸化炭素の割合の変化を知り，考察する場面で，子どものノートに表現された記述分析を行った。実験結果から考察し，結論へつなげるためのメディアの活用も取り入れた。子どもの思考をスムーズに流し，結果と予想を照らし合わせ，どうつなげて表現するのかの指導を工夫し，評価につなげていった。

〔実験・観察の場面〕

　始めに石灰水で実験を行った。しかし，実験では，二酸化炭素が増えたことしかわからない。この結果をもとに，「もっと詳しく調べたい」という声から，気体検知管で調べる方法があることを提示した。次に，気体検知管を使い，実験をした。目の前で数値の変化をとらえ，「酸素の割合がさっきより減っている」と，理解していた。

〔結果を考察する場面〕

　2つの実験から，予想と照らし合わせて「呼吸の働き」について考察していった。その際，結果は共有化を図ることができるように，黒板に表でまとめた。そうすることで，多くのデータから傾向をつかむことにつながるからである。また，実験結果から得た数値をもとに，空気の成分を帯グラフで表した。

　しかし，大きな空白ができる。それは「どこで，どのように酸素や二酸化炭素が交換されているのか」ということであった。

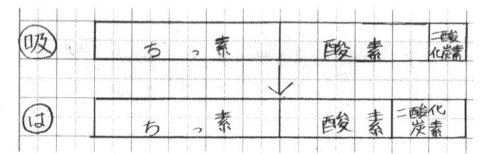

〔体験と言葉をつなぐ場面〕

　そこで，実験の結果と呼吸の働きとをつなぐ手立てを講じた。「どこで酸素と二酸化炭素の交換が行われているのかメディアを活用する」ことである。子どもが知りたいと感じた時に，必要な情報を提示することが大切である。

　今回は，肺の血液の流れの動画を電子黒板で提示した。動画や静止画に書き込みができ，どの部分に視点を当ててみると良いのかを，示すことができる。

〈問題と照らし合わせて結論をつくる場面〉

　以上の実験結果から，吸う空気と吐く息の違いをとらえた。さらに，疑問として残った「どこで，どのように酸素や二酸化炭素が交換されているのか」に対して，メディアの活用をはかり，考えを再構築した。そうすることで，問題である「呼吸には，どのような働きがあるのだろうか」に対しての結論をつくることにつながっていった。

8　授業実践についての考察

（1）子どもの問題を解決する体験の充実

　子どもが問題を解決する中心となる実験・観察は，理科という教科においてはたいへん重要である。さらに実験を行う目的，そしてその実験から子どもがどんな考えや疑問をもつのかも見通し，その体験をもとに子どもの思考がさまざまな経験と結びついて行くことのできるように，吟味することが大切である。今回の授業では，始めに石灰水で実験を行い「二酸化炭素が増えるようだ」という結果から，気体検知管での実験に入ることで，数値の意味が理解されやすかった。

（2）体験と言葉をつなぐ手立て

　実験結果である数値と，呼吸の働きとをつなぐために，肺の動画を使ったことはたいへん有効であった。しかも，子どもたちが必要と感じたタイミングで出すことの大切さも実感した。

（3）自分の考えを表現する工夫

　今回は，空気の酸素と二酸化炭素についての学習であったため，数値や言葉に加えて，グラフやイメージ図を使用したことは，相手に自分の考えを伝えるために有効であった。そうすることで，視覚からも考えを伝えることにつながった。どの単元や場面で，どんな表現方法が有効か吟味する大切さを感じた。

村山哲哉 教科調査官による ワンポイントアドバイス

　本単元では，消化・吸収・排出・呼吸・血液循環を学ぶ。これまでは「胃，大腸，小腸，肺，心臓」の5つの臓器を教えてきたが，これに「肝臓，腎臓」を加えて，7つの臓器の名称を学ぶことになった。肝臓，腎臓は機能が複雑なので，小学生には難しいのではないかという心配もあるが，肝臓，腎臓は日常言語である。子どもが言葉として知っている臓器を取り上げる必要があると考えた。腎臓はお腹側ではなく背中側にあるので，人体解剖図の裏側も学ぶ。

　そのようなことも含めて，人体に関する内容を充実した。7つの臓器の名称と位置と機能をとらえることは大切である。子どもたちにとっては，自分の体のことを学ぶのである。生まれたときから変化はしているが，基本的には変わらない，一生つき合う体のことを理解する機会を増やしてほしい。

　そしてそれらをつなげているものは血液である。血液の循環によって養分と酸素を取り入れ，二酸化炭素と余計なものを排出している。その関連性をしっかりととらえさせていくことが，人体で大切なことだと考える。

外国語活動
教科調査官が求める授業

直山木綿子
文部科学省初等中等教育局教育課程課教科調査官

学級担任としての特長を生かして役割を十分に果たす。

1 こんな外国語活動を

● **外国語活動の現状と課題**

　学習指導要領の移行期間の2年間（平成21・22年度）には，非常に多くの学校で外国語活動の先行実施がなされました。9割以上の学校で授業が行われたようです。そしてそのうちの半数以上が年間35時間の設定をしていたので，移行期間としてはかなり積極的に外国語活動の準備を実施していただいたと思います。

　その大きな要因としては，『英語ノート』があったことがあげられるでしょう。何をするとよいのか，どう指導してよいのかがわからない，また教材をつくらなければならないという負担感が，『英語ノート』のおかげでずいぶん軽減されたのではないでしょうか。

　このようにたくさんの学校が移行期間を経て平成23年度を迎えたので，大きな混乱はなかったものの，多くの重要な課題が明らかになったと私は考えています。この課題と「こんな外国語活動をしてほしい」ということとは密接にリンクしています。

　まず以下の2つの課題について詳述していきます。

課題1：指導者・学級担任の役割
課題2：活動の組み方

● 課題1：指導者・学級担任の役割

外国語活動では，指導者・学級担任には，以下の3つの役割があります。

①外国語を「使おうとする」モデルになる。
②子どもと外国語を「結ぶ」「つなぐ」役割をする。
③授業をコントロールする。

①外国語を「使おうとする」モデルになる

　学級担任の先生は，まず，「外国語のモデル」になるのではなくて，外国語を「使おうとするモデル」になることが大事です。学習指導要領では，学級担任の先生に英語力を求めているわけではありません。外国語は必要ですが，それは音声教材・デジタル教材や，ALTあるいは外国語が堪能な地域の人材がモデルとなります。

　子どもたちは「音声教材やALTみたいに，すぐにしゃべれるようにはならない」ということを知っています。あのように話せるようになるには努力が必要なことも知っています。そこに学級担任の先生が出ていって，たとえ外国語が上手でなくても外国語を使う。流ちょうでなくてもいいのです。一生懸命に外国語を使おうとしている先生の姿から，「あんなふうにすればいいんだ」「あれでいいんだ」と勇気をもらって，挑戦をしてみようという気持ちが子どもたちに育つのです。

②子どもと外国語を「結ぶ」「つなぐ」役割をする

　子どもにとって外国語は遠い存在で，知らないことばかりです。ですがALTの話や教材について「これはこういう意味だよ」と，学級担任は一言一句を日本語になおすのはいかがかと思います。通訳をすると，子どもはALTのセリフや教材の外国語を聞かなくなってしまうのです。

　担任は，もしも子どもが「わからない」という顔をしていたら，「何て言っているんだろうね，先生もわからない。もう一度，聞いてみようか」というような言葉かけをし，不安感を取り除き，わからないときはどうすればよいのかを提示することが大切です。

　そこでALTに，いまの言葉がわからないから，

"Slowly, please."
"Once more, please."
"Easy English, please."

と，指示を出すのも担任の役目です。

　これが外国語と子どもをつなぐ，ALTと子どもをつなぐことの一例です。

③授業をコントロールする

　学級にはいろいろな子どもがいます。音声による情報処理に長けている子どももいれば，そうでない子どももいます。子どもの様子をよく見ながら，「この活動はもう少し長く続けたほうがいいな」「これは早く切り上げたほうがいいな」ということを判断します。
　このように授業のコントロールをすることも担任の役割です。

● 課題２：活動の組み方

　活動の組み方については，以下の２つの視点から課題をお話しします。

①活動の組み方の順序
②「相手意識」と「中身があること」をポイントに組む活動

①活動の組み方の順序

　まず第一に，活動の組み方にはある程度の順序があります。例えば，いきなり英語を話す活動を設定するのは，子どもには難しいでしょう。そこでまず最初はたくさん聞かせることが大切です。
　子どもが興味関心をもつ題材を取り上げ，英語の語彙や表現に出合わせます。その際に日本語とは違う英語のリズムやイントネーションに気付かせ，ことばのおもしろさを感じさせたいものです。また，それらの語彙や表現をこれから使って自分のことを相手に伝えたり，相手のことを知りたいと思うような出合わせ方をしたいものです。
　そして歌やチャンツ，クイズやゲームで，何度も繰り返しそれらを聞いたり言ったりして慣れ親しむことが大切です。また，慣れ親しみながら，ことばのおもしろさや豊かさに気付くことも大切です。
　最後には，慣れ親しんだ語彙や表現から，子どもが自分の立場で「選んで」，友達などとコミュニケーションする活動を設定することが大切です。

〔単元「好きなものを紹介しよう」より前半〕

　例えば，「好きなものを紹介しよう」という単元があるとします。最初に果物や動物やスポーツなど，子どもの身の回りにあるものを何度も聞いたり言ったりする活動をします。例えば，おはじきゲームやキーワードゲーム，チャンツ，歌などが考えられます。。
　リズムに乗せて，"I like apples. Do you like apples？　Yes, I do." を何度も繰り返すなかで，子どもは，「アップルではなく，アポー（apple）なんだ，『ル』はほとんど発音しないんだ。ちょっと音が違うんだな」と思うでしょう。
　あるいは，「野球」は，「日本語ではベースボール，平坦な発音だけれども，英語ではベイ

スボウル。強く読むところと弱く読むところがあるんだな。同じ言葉だけど，違うところがあるんだな」と言葉に興味をもちます。

〔単元「好きなものを紹介しよう」より後半～○○君バージョンで～〕

このようにキーワードゲームやおはじきゲームで，設定された語彙や表現などを面白く楽しく繰り返し聞いたり，言ったりして慣れ親しみます。そして，徐々に，先生の言葉を繰り返すのではなく，子どもが自分の思いで言葉を選んで言うようにします。

例えば，最初はチャンツや歌は，音声教材のとおりに"I like apples."をまねて言っていたものを，先生が下記のように誘導します。

先生 「慣れてきたから，今日は，○○君バージョンでいこうか」
"What fruit do you like？"
児童 "I like peaches."
先生 「OK。今日は peaches でいこうか。（手拍子をしながらリズムに乗せて）
"I like peaches. I like peaches. Do you like peaches？ Yes, I do."」

このように子どもに自分で選ぶ場面を少しずつ増やしていきます。そして最後には子ども一人一人が選んでコミュニケーション活動をするようにします。

別の例としては，子どもが好きなものを絵に描き，それを学級の友達に見せて，交流する活動も上げられます。

自分が桃（peach）と犬（dog）と野球（baseball）が好きなら，自分の好きなものから一つを選んで，友達に"Do you like peaches？"と尋ねます。友達が"Yes, I do."と答えたら，自分の桃の絵の横に友達の名前を書きます。

"Do you like dogs？"と尋ねると，友達が"No, I don't."と答えたら，名前は書きません。そして最後に"Thank you, Good-bye."と言って別れます。ほかの友達とこれを繰り返します。

このようなやりとりを友達と行い，最後に「僕と好きなものがぴったり一緒の人が，このクラスに○人います」と，見つけたことを発表します。

この活動で，子どもは自分で選んで言っていると同時に，自分と同じ好みの人を探すという目的のためにこのコミュニケーション活動を行っています。単元の終末に子どもがある目的のために，自分の立場で言葉を選ぶ活動になるように仕組みたいものです。

②「相手意識」と「中身があること」をポイントに組む活動

単元の終末のコミュニケーションを図る活動は，「相手意識」と「中身があること」がポイントです。

まずは相手意識についてです。

〔単元「ランチメニューをつくろう」〕

例えば「ランチメニューをつくろう」という単元であれば，単に「好きなランチメニュー

をつくりましょう」という問いに対して"I like spaghetti. I like ice cream. I like fruits. This is my lunch menu."と答えることになります。

ただこれでは自分の発表をしただけにすぎず，何人もの発表を聞いていくうちに，子どもたちはあきてしまうでしょう。

〔単元「○○先生にランチメニューを作ろう」〕

それを例えば「○○先生にランチを作ってあげよう」という問いにします。相手を想定するのです。

「○○先生はスポーツがとても好き。サッカーをしている」「○○先生は給食のときにご飯が好き。いつもご飯をたくさん食べている」ということを思い描いてその人に合ったメニューを作ります。

次に，せっかくメニューを作ったとしても，それを友達に紹介するときに，"This is my lunch menu. ……spaghetti……"と一方的に説明してしまうと，聞いているほうもあきてきます。相手が聞きたくなるような発表の仕方の工夫を行いたいものです。

例えば，クイズ形式であれば，

"What's your lunch menu？"

という問いかけに対して，子どもが

「Hint No. 1，○○先生！」

「Hint No. 2，○○先生は，いつも，給食をたくさん食べます」

「Hint No. 3，○○先生はお肉が大好きです」

と言うようにします。すると聞いている子どもたちから，"Beef steak？"という答えが出て，"Yes, that's right."といった反応をすることになります。

このようにクイズ形式で活動すると，聞いている側も聞く理由が出てきますし，発表する側も発表する理由が出てきます。このような相手意識が大事です。

〔単元「将来の夢を紹介しよう」～『総合的な学習の時間』とリンクさせて〕

もう一つの「中身があること」ということについてです。

例えば「将来の夢を紹介しよう」という単元では，

"I want to be a teacher. I like children. I like English. I want to be an English teacher."

という紹介文でもいいのですが，せっかく他の教科等も教えている学級担任が授業をしているわけですから，そちらとリンクさせます。

「総合的な学習の時間」で，6年生の最後に職業について学習するとします。子どもたちは，最初は，仕事に対してしんどいとか，単にお金を稼ぐためという印象をもつかもしれません。

しかし「総合的な学習の時間」でどんどん職業について学んでいくと，いろいろな職業があることがわかり，実際に介護士さんや保育士さんの話を聞いてみると，たしかに仕事は大

変だけれども、その人たちは、仕事を通じてそれぞれ夢をもっていることがわかりだします。

例えば、介護士の中には「住みやすい社会をつくりたい」と思っている人がいます。あるいは保育士の中にはすべての人たちが「こんな子どもになってほしい、こんな社会をつくっていってほしい」と思いながら仕事をしている人がいるということがわかってきます。

つまり仕事を通じて社会とどのようにかかわるかということや、みんな自分の夢をそれぞれもっていることを「総合的な学習の時間」で学ぶのです。そのことをもとに、自分で将来の夢を語ると、"I want to be a teacher, I like children, I like English." だけではなくて、「自分は先生になって、自分が生まれてきたことを喜べる子どもを育てたい。それが世界平和につながっていくんだ」と思いを語るようになります。

それは、単に設定された「I want to be ○○」という、表現を「なぞった」スピーチではなく、深い思いのこもったスピーチになります。そういう「中身があること」が大事です。

このように、「相手意識」と「中身」をポイントに活動を仕組んでいくということは、すなわち子どもに「聞く必然性」「話す必然性」を感じさせることになります。必然性はコミュニケーションではとても大事です。必要があるからコミュニケーションを図る、伝えたい内容や聞きたい内容があるからコミュニケーションを図る。伝えたい、聞きたい内容があるから、あたたかいコミュニケーションを図るようになると考えています。

このような活動になるように、単元の活動を設計してほしいと思います。

そのためには、先生方は、1年間あるいは2年間の外国語活動を通して、どのような子どもを育てたいのか、「めざす子ども像」をきちんともつ必要があります。

学習指導要領の外国語活動の目標は次の3つの柱から成り立っています。

---

①外国語を通じて、言語や文化について体験的に理解を深める。
②外国語を通じて、積極的にコミュニケーションを図ろうとする態度の育成を図る。
③外国語を通じて、外国語の音声や基本的な表現に慣れ親しませる。

その具体を子どもにどのように描いているのか、年度初めに先生がきちっともって、常にゴールをそこに置きながら、単元の最後の目標を決めていってほしいと思います。

2 教育課程に位置づいた外国語活動

●外国語活動の導入で，何がいちばん変わったか

　これまで，「総合的な学習の時間」の中で取り組まれてきた，いわゆる英語活動は，国際理解教育の一環として行われてきました。「総合的な学習の時間」の趣旨から，各学校が目標も内容も決めていましたが，これからは，目標や内容は学習指導要領に設定され，評価についても観点が例示されました。

【小学校外国語活動の観点別評価の観点】
- コミュニケーションへの関心・意欲・態度
- 外国語への慣れ親しみ
- 言語や文化に関する気付き

【中学校外国語の観点別評価の観点】
- コミュニケーションへの関心・意欲・態度
- 外国語表現の能力
- 外国語理解の能力
- 言語や文化についての知識・理解

　これにより中学校の授業との接続や関連もはっきりしました。小学校の「総合的な学習の時間」の中での英語活動は，これまでは中学校の「総合的な学習の時間」へとつながり，英語にはつながってはいませんでした。しかし，外国語活動は中学校外国語につながることが新しい学習指導要領に明記されています。小・中連携は，強く意識していただきたいと思っています。

　小学校でどんなことをしているか，どんな目標を掲げているかをきちんと中学校へ伝え，中学校の英語科教員はそれを十分知ったうえで，どう入門期の指導をするかを吟味することになります。逆に，中学校での指導を十分知っておくことも，小学校の教員には大切なことです。

●評価の観点は自由度を残して

　評価の観点は，中学校との接続を考え設置者が設定することになります。「総合的な学習の時間」で各学校が学校の実態に応じて英語活動を行ってきましたから，その取組みには，相当なばらつきがありました。そこで，設置者が設定した観点に各学校が観点を加えること

ができるという形になっています。

このような評価の観点を追加している学校は、実際には少ないのですが、ゼロではありません。例えば、小学校での「外国語への慣れ親しみ」は、中学校の評価「外国語表現の能力」「外国語理解の能力」へつながります。そこで「慣れ親しみ」の部分を、「聞く」と「話す」に分けて観点を設定しているところもあるようです。

3 評価の3観点の趣旨と意図

●「コミュニケーションへの関心・意欲・態度」～外国語を使ったコミュニケーション

今回例示した3観点の1つに、「コミュニケーションへの関心・意欲・態度」があります。「活動」という点では特別活動と同じですが、違いは「外国語を通した」コミュニケーションだということです。学習指導要領の目標にも、「外国語を通じて」と明記されています。外国語を使ったコミュニケーションへの関心をもたせるということですが、内容はかなり特別活動や国語と似てくると思います。

外国語活動も、特別活動や国語と同様に、相手に何かを伝えてお互いが気持ちよく内容を共有することを、非常に大切にしています。ただしそれは「外国語を通じて」なのです。そのために、伝えたい中身に子どもが関心をもつように、子どもが他教科で学習していることなどをもち込んでいます。

先生が言ったことをただ覚えて、お友達と繰り返しているのは、コミュニケーションではありません。実際に自分たちで地図を作って自分の行きたいところを相手に教えてもらうとか、お店屋さんごっこをするとか、場面設定づくりがとても大事です。

●「外国語への慣れ親しみ」～小学校では定着を第一のねらいとはしない

観点「外国語への慣れ親しみ」についてです。

「慣れ親しみ」で大事なのは、中学校とは違って定着を第一のねらいにしないということです。例えば、レッスン3で、以前にレッスン1で慣れ親しんだ語彙や表現が出てきたとします。子どもが「先生、忘れた」と言ったら、担任の先生は「かまわないよ。レッスン1で歌った歌を歌って思い出そうか」とするわけです。5年生と6年生の学習内容の系統性も厳密ではありません。そこが外国語活動と中学校外国語との違いです。

もちろん、「慣れ親しみ」と言われて、プレッシャーを感じる先生も多いと思いますが、無理もありません。先生ご自身が小学生のときに外国語活動の経験をしていませんし、新しく入ってきたのですから。まずは先生が肩の力を抜くことです。そのうえで新教材"Hi, friends！"に設定されている表現は、英語で言ったり聞いたりしていただきたいのです。例えば、誕生日に関連する単元なら、

"When is your birthday？"
"January？　February？"などの誕生日の尋ね方と月名です。

　もちろん新教材の音声教材を活用することもいいですね。発音について中学校外国語のような評価はしません。それよりも，「英語で言おうとしたことがすてきだよ」と認めてあげるのです。

●「言語や文化に関する気付き」〜国際理解の流れを残して

　観点「言語や文化に対する気付き」についてです。中学校と比べて説明します。

　中学校では「言語や文化についての知識理解」となっていて，狭い意味での言語や文化を指しています。例えば，主語が一番最初で，3人称単数だったらsが付くなど，単元に設定されている言語材料についての知識理解や，その言語の背景にある文化，この言葉を使ってコミュニケーションを図るときに知っておきたいことなどを指しています。

　ところが小学校の「言語や文化に対する気付き」は，広い意味での言語や文化を指します。「世界にはいろいろな人がいて，いろいろな生活を営み，自分たちはその中の一員なんだ」というような気付きです。

【言語や文化に関する気付き】
　本観点の趣旨は，「外国語を用いた体験的なコミュニケーション活動を通して，言葉の面白さや豊かさ，多様なものの見方や考え方があることなどに気付いている」であることから，例えば単元で使用するよう設定されている外国語と日本語との比較などを通して発見した言語の共通性や相違性から言葉の面白さや豊かさ，多様なものの見方などに気付いている様子を捉えるようにすることが大切である。

（下線は筆者）

『評価規準の作成，評価方法等の工夫改善のための参考資料　小学校外国語活動』より

　「共通性や相違性」「面白さや豊かさ」という言葉が出てきますが，これを具体的に説明します。外国語，例えば英語ですと，英語と日本語は音やリズムが違います。でも，共通点もあります。

　英語で職業を表す言葉に，teacher, singer, firefighter があります。それに，scientist, artist, florist。子どもに提示すると，「アー（er）がつく」「イスト（ist）がつく」「英語ってアーやイストがつくと職業になるのかな」といった声があがります。

　「日本語にも，これをつけたら職業を表す言葉ってない？」と言うと，選手の「手」，漫画家の「家」，教師の「師」，それから消防士の「士」と，子どもがたくさん出してきます。

「先生，日本語と英語って違うけど一緒なんだ，言葉って似ているね」ということになります。このようなことも言語の面白さであり豊かさだと思うのです。

④ 評価方法の工夫

●各観点の評価の仕方は

小学校外国語活動を評価する場合，どうしても観察法，行動観察が中心になります。

「外国語への慣れ親しみ」は，子どもが聞いているか，言っているかという様子を見取ります。扱っている言葉 "What's this？" を言っているかどうか。あるいは "What's this？" と聞かれて，その意味がわかっているかどうか。"It's a pen." と言ったり，ペンを指さしていればよいわけです。

「コミュニケーションへの関心・意欲・態度」は，例えば "What's this？" と聞かれて，相手に届くように答えているかどうか，答えようとしているかどうかを見ます。流ちょうな英語でなくてもいいわけです。

道案内の場面で "Where is the station？" の前に "Excuse me." をつけて言うとか，道案内をするときに，相手がほんとうにわかっているかどうかを確かめながら繰り返し言っているとか，相手意識があるかどうかです。

例えば，かるた取りゲームで，先生が "apple" "orange" と言ったカードを取るときに，子どもが "What's this？" と先生に聞く。先生が "It's an apple." と言ったらリンゴの絵が正解という活動は，あくまでも慣れ親しみです。機械的に言っているから活動自体がコミュニケーションになっていません。

いっぽう，コミュニケーションへの関心・意欲・態度は，自分で子どもが言葉を選んで言っている活動をしない限り見られません。そのためコミュニケーションへの関心・意欲・態度での見取りは，単元の後半で行うことが多いと思います。

「言語や文化に関する気付き」の場合は，子どもがほんとうに気付いているかどうかは，目に見える形ではとらえにくいので，例えば「振り返りカード」を活用します。手をあげて発言をしない子どもも気付いているかもしれません。あるいは，友達が発表したのを聞いて，「あっ，そんなのがあったな」と気付いたりする子もいます。だから，表れる部分だけではとらえにくいので，振り返りカードを活用するのです。「今日は英語と日本語の職業についてどんなことに気付きましたか」というように，教師による行動観察を中心にしながら，こういった裏づけも使います。

行動観察が中心ですので，先生方の中には，人によって評価がぶれないように工夫されている方もいます。1単元に1枚のチェックリスト，見取りの表を作る。1時間ごとに作るよりも1単元で1枚のほうが，先生自身の授業の振り返りにもなります。

●振り返りカードの「点検」と「分析」

　「振り返りカード」については「点検」と「分析」という角度から，観点別評価に活用することができます。それぞれについて具体例をあげてみます。

　まず，「点検」の例です。教師の見取りでは，ある子どもは"What's this？"と言っていたし，聞いて反応していた。しかしその子の振り返りカードには「言えていない，よくわからない」と書いてある。次の時間にその子の様子を見ると，きちんと言っている。つまり自信がないのです。教師はその子の横に行って，「○○さん，すごい，それでいいのよ，そうそう，いい感じ」と声をかけて自信をつけます。教師と子どもの見立ての違いを，次の指導に生かすことが大切です。

　次に「分析」ですが，「言語や文化に関する気付き」の評価のところで述べたように，子どもに書かせた記述を分析し，評価に生かします。

　そして「点検」は評価の３観点すべてであり得ますが，「分析」は「気付き」に絞っています。見えないものを見るために分析し，あとは行動観察でしっかり見取ってほしいと思います。

5　評価の効率化

●１単元に必ず３観点を入れるのか

　教師１人で全員を見取り，評価するためには，評価の効率化を図る必要があります。

　まず，設置者が決めた観点数が３つだったとしても，１単元に必ず３つの観点で評価するわけではありません。国立教育政策研究所が出した評価の参考資料（評価規準の作成，評価方法等の工夫改善のための参考資料　小学校外国語活動）の４事例では，すべての事例で３観点を設定していますが，１単元で２観点ということもあり得ます。私が先生方に申し上げているのは，設置者が３つの観点を設定したならば，１年間トータルで，１人ずつ３観点で見てほしいということです。

　本来ならば単元の中で学級の子ども全員，40人いるなら40人見ていただくのが筋ですが，なかなかそうはいきません。そこでレッスン１で39人は見ていたけれど１人見取れなかったというときには，レッスン２で前回見取れなかった子どもを先に見るようにしましょうということです。

●子どもを励ます評価

　外国語活動に限らず，評価というのは子どもを励ますためにあります。そして先生方ご自身の振り返りをすることが大切です。

　外国語活動をしたら外国語が嫌いになったということのないように，そういうカリキュラ

ムにしないための,評価の観点ととらえたほうがいいと考えています。

6 ほかの時間とのかかわり

●外国語活動と特別活動を比べると

　前述の「評価の3観点の趣旨と意図」(P133) のところで少しふれましたが,外国語活動と特別活動はある面では非常に近くて,語尾に「活動」がつく教育課程は外国語活動と特別活動しかありません。

　それから,コミュニケーションなど,人と人の関係を直接活動の対象にしている部分もよく似ています。対象が人ですから「相手意識」ということも出てくる。両者の違いは外国語を使うかどうかというところです。そして外国語活動は,言葉にフォーカスを当てています。

●教師の力量が問われる活動

　特別活動では人間関係の苦手な子どもを中心に指導にあたりますが,外国語活動でも同じです。どちらの活動も,教師が子どもをきちんと見取る力がないと,子どものコミュニケーション能力を伸ばすことはできないと思います。

　外国語活動には,先生の学級経営能力が顕著に表れます。外国語活動の授業が上手な先生は,どの教科等のご指導も上手だというのが私の見解です。学級担任の先生には,ご自身が学級経営ができていることに自信をもって,外国語活動に取り組んでいただければと思います。

モデル授業 I

第5学年　5年生の総仕上げ！知っている言葉を使ってクイズ大会をしよう！

Lesson 7　What's this?　クイズ大会をしよう

堀川　桂子　富山県南砺市立福野小学校

1　単元目標

○ある物について積極的にそれが何かと尋ねたり，答えたりしようとする。
　　　　　　　　　　　　　　　　　　　　　　（コミュニケーションへの関心・意欲・態度）
○ある物が何かと尋ねたり，答えたりする表現に慣れ親しむ。（外国語への慣れ親しみ）
○日本語と英語の共通点や相違点に気付く。（言語や文化に関する気付き）

2　本単元で育てたい力

　本単元では，グループでクイズを作り，話すことを分担してクイズを出したり，他のグループのクイズに答えたりする。さまざまなクイズの形態を体験するときに，学習した言葉や表現を繰り返し使うことで，どの子どもも表現に慣れ，自信をもって活動することができるようにしたい。外国語活動を始めてから継続して目標にしている"Clear Voice""Eye Contact""Gesture"を意識して，コミュニケーションへの積極的な態度を育てたい。

3　本単元全体を通しての指導のポイント

　"What's this?"で問い，"It's a (an) ～."のクイズ形式で答えられるようなものを指導者があらかじめ選択しておき，子どもたちがそれらについて自分たちでクイズを作ることができるようにすることである。クイズを作ることと答えることが簡単なものがよいと思われる。しかし，クイズ大会を楽しむためには，ある程度の難易度も必要である。
　また，ALTとのデモンストレーションやチャンツ，絵カードによる繰り返し練習などにおいて使う言葉を計画的に選んでいくことで，子どもたちがクイズで使う表現に慣れ親しみ，既習の表現や言葉を臨機応変に使うことができるようになると考える。

4　本単元の語彙・使用表現

What's this?　It's an apple／a tomato.　Hint, please.　That's right.　Close.　Sorry.

5　本単元の評価規準

ある物について，自ら進んでそれが何かと尋ねたり，答えたりしている。（コミュニケーションへの関心・意欲・態度）／ある物が何かと尋ねたり，答えたりする表現を聞いたり，言ったりしている。（外国語への慣れ親しみ）／日本語と英語の共通点や相違点に気付いている。（言語や文化に関する気付き）

6　単元計画（全5時間）

時	目標（○）・活動（・）	コ	慣	気	評価規準	評価方法
1	○身の回りにある物の英語での言い方を知るとともに日本語と英語の共通点や相違点に気付く。 ・【Let's Listen】p.26, 27 ・クイズ①Hole Quiz			○	身の回りにある物の言い方から日本語と英語の共通点や相違点に気付いている。	行動観察 振り返りカード分析
2	○ある物が何か尋ねたり答えたりする表現に慣れ親しむ。 ・絵を見て，音声を聞いて聞き取ったものを指し示す。 ・【Activity】p.30, 31 ・クイズ②漢字クイズ,③スリーヒントクイズ ・クイズ④Black Box Quiz		○		ある物が何かを尋ねたり答えたりしている。	行動観察 振り返りカード点検
3	○ある物が何か尋ねたり答えたりする表現に慣れ親しむ。 ・【Activity】p.30 ・クイズ⑤シルエットクイズ ・クイズ⑥Window Quiz	○			進んである物が何か尋ねたり答えたりしている。	行動観察 振り返りカード点検
4	○ある物が何かを尋ねたり答えたりする表現に慣れ親しむ。 ・グループでクイズを作り，出題の仕方を練習する。		○		ある物が何か尋ねたり答えたりしている。	行動観察 振り返りカード点検
5 本時	○進んである物が何か尋ねたり答えたりしている。 ・クイズ大会をする。	○			進んである物が何か尋ねたり答えたりしている。	行動観察 振り返りカード点検

7　言葉への気付き

第1時の［Let's listen］では，"What's this?"の質問に対する答えを聞いて，身の回りの物の英語での言い方を知る。新しい言葉がたくさん含まれているが，その中には，子どもたちが外来語として知っている語も多い。そこで，外来語と，そのもととなる英語の音の違いに気付かせるようにする。例えば，同じ発音で違うものを表す語では，bat（こうもりと

野球のバット），eraser（消しゴムと黒板消し），似た発音で間違えやすいもので，globe（地球儀）と grove（野球のグローブ）などがあげられる。また，第2時では，「海星」「向日葵」などの漢字を取り上げて漢字の読みと英語での言い方を比べることで，日本語と英語の言葉の作りや言葉に対する考えの共通点に気付くだろう。

単元全体を通して，"That's right！"（正解！）や"Close."（おしい。）"Sorry."（残念。）など，相手をほめたり，励ましたりする表現を使うことで，英語にも相手を思いやる言葉があり，その言葉を使えばよりよいコミュニケーションが図れるということにも気付かせたい。

8　語彙・表現への慣れ親しみ

クイズ大会を楽しく行うためには，既習の語彙を使って出題したり答えたりできることが必要である。Lesson 7までに慣れ親しんだ語彙を整理し，絵カードを使って繰り返し練習を行うことで，子どもたちは英語で話すことに不安を感じなくなるであろう。そこで，語彙を「動物」「食べ物」「文房具・楽器など」に分類し，単元を通して計画的に扱う。そして，その中からクイズの答えを選択することをクイズ大会のルールとする。

表現については，"What's this？"と"It's a（an）～."の言い方をチャンツや絵カードによる語彙の練習などで繰り返し使う。また，それぞれのクイズ形式によって必要な表現やヒントの出し方が違うので，新しいクイズを紹介するときには，あらかじめ表現を整理しておき，HRTとALTとのデモンストレーションなどを通して子どもたちにわかりやすく伝える。そして，クイズ大会で使う表現を少しずつ取り上げていくことにした。"Let's start ○○ Quiz！""That's right.""Hint, please."などである。このような表現をその場に応じて使いこなすことができれば，クイズ大会を楽しむことができるだろう。

9　コミュニケーションへの積極性

子どもたちはクイズが大好きである。クイズで使うものを自分で作ったり，ヒントを用意したり，出題の準備をすることも楽しむだろう。難しいクイズを作ったほうがおもしろいと考える子どもと，簡単なクイズがよいと考える子どもがいると予想される。実際にクイズを作って出題することで，どのような問題が楽しめるのか考え，工夫するであろう。

クイズ大会では，出題者と解答者は1対1とする。少しでも多くの人と話すことができるように，グループの中で2人ずつ出題することとした。子どもたちが向き合って，話を真剣に聴いてクイズを解いたり，相手に自分の意図を英語で伝えるために一生懸命話したりする姿を期待したい。また，年間を通じて取り組んでいる「コミュニケーショ

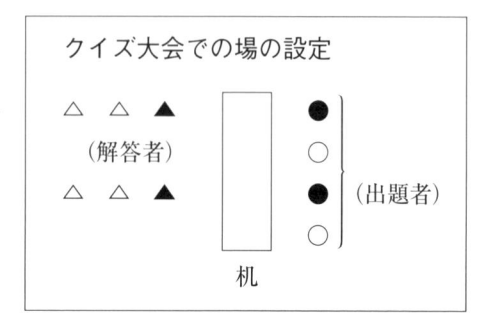

ンのめあて」（①Clear voice，②Eye Contact，③Gesture）を意識して話すことで，積極的なコミュニケーションを図りたい。大きな声で話すと，クイズをいっしょに楽しめること，相手の目をまっすぐに見て話すと自分の気持ちを伝えられること，ジェスチャーをすれば英語表現をより確実に相手に伝えることができることなどに気付かせたい。そして，ふだんの日本語での会話でも，積極的にコミュニケーションができるようにしたい。

⑩ 第5時

本時の目標

クイズ大会を通してある物について積極的にそれが何かを尋ねたり，答えたりしようとする。

本時の評価規準と評価方法

クイズを出したり，答えたりしようとして英語の会話を楽しんでいる。

（行動観察・振り返りカード）

主な活動

①あいさつをする。
②【Let's chant】
③クイズの出題の仕方をグループで練習する。
④クイズ大会をする。
⑤振り返りをする。

本時の語彙・表現

　語彙：dog, cat, bird, apple, orange, melon, banana, pencil, book, drum, violin 等

　表現：What's this？　It's～．　That's right．　Close！　Sorry！　Hint, please.

本時の授業展開

〔活動①あいさつ〕

主に ALT が質問し，子どもたちが答えるというパターンである。"How are you？"に対しては，子どもたちはそれぞれ自分の気分を英語で表現する。また，曜日や日付，天気の言い方を知り，繰り返し練習することもできる。活動のウオーミングアップの役割があるので，大きな声ではっきり発音することを心がけている。毎時間行うことで，ALT との会話を楽しみ，大きな声で意欲的に話す子どもが増えてきた。

```
Hello． Good afternoon．
How are you？/I'm fine/hungry/happy． And you？
What day is it？/It's Monday．
What's the date？/It's January 30th．
How is the weather？/It's snowy．
```

〔活動②Practice（Let's chant）〕

　チャンツは，"What's this？"と"It's a（an）～."の繰り返しである。第3時からは，子どもたちが知っている言葉を選んで，チャンツに取り入れた。"It's a（an）"の後に続く言葉は，単数形でなければならない。ぶどうの絵カードを選んだときに，ALTは困った顔で「これでいいのか？」とたずねてきた。日本語は単数でも複数でも言葉に違いがないために，物の数については無頓着である。何気なく使っていた絵カードには，さくらんぼやぶどうのように複数で描かれているものがあり，気をつけて使わなければならないと思った。

| HRT：Let's start "Window Quiz"！
　　　 What number do you like？
ALT：Three.
HRT：What's this？
ALT：It's an apple.
HRT：Sorry. What number do you like？
ALT：Eight.
HRT：What's this？
ALT：It's a tomato.
HRT：That's right！ |

　チャンツの後に，クイズ大会で使う表現の練習をした。クイズの出題の場面を設定して，HRTとALTで役割分担をして，左記のようにデモンストレーションを行った。子どもたちは2つに分かれ，HRTとALTの後にそれぞれ続けて言うことにした。クイズ大会では場合によって使う言葉が違ってくる。クイズに使う道具を用意して，子どもたちといっしょに答えを考えながら進めていくことで，場に応じた英語を使うことができるようになった。

〔活動③Practice（グループ練習）〕

　クイズ大会本番の前に，表現の確認をして自信をつけるために，グループの中で練習を行った。ALTも各グループの練習を見て回り，コミュニケーションのめあてをアドバイスしたり，上手に話している子どもをほめたりした。「3分間で3回ずつ」の目安を提示したことで，子どもたちは，内容を一つ一つ確かめながら時間内で充実した活動を行うことができた。

〔活動④Activity（クイズ大会をしよう）〕

　解答者の子どもたちは，クイズ大会の開始の合図とともにポイントカードを持って動き出した。ポイントは3点満点で，ヒントを1回出すと2点，2回のヒントで当たれば1点をカードに記入した。実際には，当ててもらえるようにヒントを何度も出す優しさも見られた。ポイントは，だれのクイズを解いたか，いくつのクイズに答えたかの目安となった。10分間の限られた時間の中で，難しい問題を解くことができて喜んだり，ヒントのおもしろさに感心したりする様子を見ることができた。

Black Box Quiz　英語で言えるもので，触っただけではわかりにくいものを探すのは難しい。触るときのドキドキ感がおもしろく，人気のクイズである。

3 Hint Quiz　1つの答えに対してヒントを3つ用意することが難しい。種類・形・色などの観点でヒントを考えていた。出題者の言葉を真剣に聞いている様子から，コミュニケーションを図るには効果的なクイズだった。

〔活動⑤Evaluation（振り返り）〕

　単元を通して1枚のカードを用いて，コミュニケーションのめあて3つについて自己評価と感想を書くことにしている。本時の活動だけでなく，クイズ大会に向けて練習を重ねてきたことを振り返り，自分の成長に気付くことができた。

11　児童の様子・感想

　みんながわかりそうでわからないようなことをヒントにしようと思って作りました。クイズ大会では，いつも練習していたので大きな声で言えました。

　ぼくのクイズでみんなが笑顔になったのでよかったです。解答者になると思っていたより簡単でした。難しいクイズを考えるのが楽しかったです。

　子どもたちは，"What's this？"が言えることに加えて，ヒントを考えたり，正否を判定する言葉や相手を励ます言葉を使ったりするなど，クイズでコミュニケーションを図るために必要なことをたくさん経験することができた。また，4月からの学習でたくさんの語彙や表現を覚え，使えるようになったことに気付き，自信をもって活動に取り組む様子を見ることができた。この単元を通して，はっきりと発話すること，視線をつなぐことが自然にできるようになり，また相手を思いやり，もてる力を発揮して正解を導こうとすることができた。

直山木綿子 教科調査官による ワンポイントアドバイス

　児童に設定されている語彙や表現に，その後の活動でそれらを使って自分の思い等を表現してみたくなるように，興味をもって出合わせたい。本実践では，さまざまなクイズやゲームで，児童が興味をもって出合えるように工夫している。その出合いの中で，児童は日本語と比べ，英語との共通点や相違点から言葉の面白さや豊かさを感じると思われる。また，単にクイズを出したり答えたりするだけでなく，コミュニケーションを豊かにする表現も扱うことで，心地よいコミュニケーションを体験させることも大切である。

モデル授業Ⅱ

第6学年 気持ちのよいやりとりを体感させよう

Lesson 4　Turn right.　道案内をしよう

平良　優　沖縄県宮古島市立南小学校

1 単元目標

○道案内をする表現に慣れ親しみ，気持ちの良いやりとりで，進んで目的地への行き方を尋ねたり，答えたりしようとする。
○英語と日本語とでは，建物の表し方が違うことに気付く。

2 本単元で育てたい力

　本単元では，建物の名前や方向を表す表現などを使って道案内をする場面が取り上げられている。実生活において，初対面同士が目的地までの行き方を尋ねたり，教えたりすることがある。その際大切なことは，お互いに相手を気づかい，気持ちのよいやりとりをすることだと考える。そこで，道案内をする活動を通して，「気持ちのよいやりとり」の大切さに気付かせ，相手との関係を円滑にするコミュニケーションの態度を育てたい。

3 本単元全体を通しての指導のポイント

　単元の導入で，担任とALTによる「本単元の使用表現を用いた道案内のやりとり」を行い，その内容を児童に予想させ，確認する。児童は「単元の最後には英語で道案内をするんだな」と見通しをもつとともに，これからの活動に目的意識をもつことができる。また，「外国の方が道に迷っていたら，みなさんはどうしますか？」と児童に尋ね，「困っている人がいたら，ぜひ助けられる人になってほしい。そのために，ごく簡単な英語で道案内の体験をしよう」という，担任の思いを児童と共有することも大切にしたい。単元の最後には，「学んだことを，これからの生活にぜひ生かしてほしい」などの声かけをし，日々の生活において「気持ちのよいやりとり」を意識し，相手に気づかいができる児童を育てたい。

4 本単元の語彙・使用表現

　語彙：park. school. station. hospital. restaurant. supermarket. bookstore. flower shop. fire station. police station. convenience store. department store. post office. 等

表現：Where is the～？　Go straight.　Turn right.　Turn left.

❺ 本単元の評価規準

○コミュニケーションへの関心・意欲・態度
　・自分なりに気持ちのよいやりとりを意識して，目的地やその行き方が相手に伝わるように工夫して尋ねたり案内したりしている。

○外国語への慣れ親しみ
　・建物の言い方を言ったり，目的地への行き方を尋ねたり言ったりしている。

○言語や文化に関する気付き
　・英語と日本語とでは，建物の表し方が違うことに気付いている。
　・時代とともに，言葉は変化していることに気付いている。

❻ 単元計画

時	目標（○）・活動（・）	コ	慣	気	評価規準	評価方法
1	○建物などの英語での言い方を知り，英語と日本語とは，その表し方が違うことに気付く。 ・担任とALTによる道案内の様子を聞く。 ・ジェスチャーゲーム ・スリーヒントクイズ ・キーワードゲーム ・【Let's Play】（P14）おはじきゲーム			○ ○	・英語と日本語とでは，建物の表し方が違うことに気付いている。 ・時代とともに言葉が変化していることに気付いている。	行動観察・振り返りカード分析
2	○建物の言い方に慣れ親しみ，方向や動きを指示する表現を知る。 ・絵カードゲーム ・リップリーディングゲーム ・指さしゲーム ・ドンじゃんけんゲーム ・【Let's Chant】（P16） ・サイモンセズゲーム		○ ○		・建物の言い方を言っている。 ・目的地への行き方を尋ねたり言ったりしている。	行動観察・振り返りカード点検
3	○目的地への行き方を尋ねたり，方向や動きを指示したりする表現に慣れ親しむ。 ・【Let's Chant】（P16） ・たし算ウォーキング ・【Let's Listen】（P15）		○ ○		・建物の言い方を言ったり，目的地への行き方を尋ねたり言ったりしている。	行動観察・振り返りカード点検

時	目標・活動	コ	慣	気	評価	
					評価規準	評価方法
4	○気持ちのよいやり取りに気付いて，進んで目的地への行き方を尋ねたり案内したりしようとする。 ・【Let's Chant】(P16) ・「同じ地図づくりをしよう」	○			・自分なりに気持ちのよいやりとりを意識して，目的地やその行き方が相手に伝わるように工夫して尋ねたり案内したりしている。	行動観察・振り返りカード点検

7 言葉への気付き

① 「英語と日本語の発音の違い」への気付き

　本単元で扱う建物の名称には，児童が日常生活で使用している言葉が多くある。その言葉の英語と日本語の発音の違いに，活動を通して気付かせることが大切である。

　例えば，建物の名称を当てるジェスチャーゲームをする。担任がナイフとフォークを持って，ステーキを食べているジェスチャーをすると，「レストラン」という答えが出る。そこで，「レストラン」と"restaurant."の発音を比較させながら何度か聞かせ，その発音の違いやそれぞれの特徴について気付きを促し，理解を深めさせる。

② 「言葉は変化すること」への気付き

　日本語と同じように，英語も時代とともに変化しているということを学ぶために，絵カードに"park""flower shop"のように文字を入れる。ジェスチャーゲームやスリーヒントクイズなどでそれらを提示した後，絵カードを次のように黒板に二段で掲示する。

　上の段の絵カード：park, school, station, hospital, restaurant, supermarket 等
　下の段の絵カード：flower shop, fire station, police station, department store 等

　そして，「気付くことはないですか」と尋ねる。すると「上の段は"park""school"のように一つの単語でできており，下の段は"flower"と"shop"を合わせ"flower shop"のように，二つの単語を合わせて一つのことを表している」ということに児童は気付く。そこで，「"bookstore"はどちらの仲間ですか？」と尋ねる。すると，"book"と"store"で"bookstore"と，下の段の仲間だと予想する児童が多い。しかし，答えは上の段の仲間である。昔は，"book　store"のように二つで一つのことを表していたが，時代とともに変化し，現在は，"bookstore"となったことを伝える。"barbershop"も同様である。

8 語彙・表現への慣れ親しみ

　まずは，単元のゴールとなるメインの活動について吟味する。次に，その活動を成り立たせるために，児童にどんな力が必要かを考える。それを明確にした後，その力をつけることのできる語彙や表現に慣れ親しむ活動を仕組んでいく。その際，大切にしたいことは，「児童が楽しみながら活動に取り組んでいたら，いつのまにか力がついていた」となるような活動を順序立てて，意図的・計画的に設定することである。

〔使用語彙を提示する活動〕
　①ジェスチャーゲーム　②スリーヒントゲーム　③リップリーディングゲーム

〔使用語彙に慣れ親しむ活動〕
　①キーワードゲーム　②おはじきゲーム　③指さしゲーム　④ドンじゃんけんゲーム

〔使用表現に慣れ親しむ活動〕
　①Let's Chant　②サイモンセズゲーム　③たし算ウォーキング

9 コミュニケーションへの積極性

　児童が楽しんでいる姿は，担任にとって何よりうれしいことである。これと同じように，児童も担任が楽しんでいる姿が大好きである。担任自身が英語でのやりとりを楽しむ姿こそ，最大級のコミュニケーションのお手本であることを，日頃から心がけることが大切である。

　また，学級担任には，学級の実態にふさわしいコミュニケーション活動を設定することが求められる。それらの活動では，一人一人の児童のほんの少しの成果でもしっかりと見取り，笑顔で「認める」「ほめる」ことを大切にしたい。

　このようなことを積み重ねることで，一つの単元だけでなく，全単元を通して，全員のコミュニケーション能力を高めていきたい。

　　［コミュニケーション活動］　同じ地図をつくろう

10 第4時

本時の目標

・気持ちのよいやりとりに気付いて，進んで，目的地への行き方を尋ねたり案内したりしようとする。

本時の評価規準と評価方法

・自分なりに気持ちのよいやりとりを意識して，目的地やその行き方が相手に伝わるように工夫して尋ねたり案内したりしている。（行動観察・振り返りカード点検）

主な活動

①Let's Chant
②「同じ地図をつくろう」

本時の語彙・使用表現

　語彙：park, school, station, hospital, restaurant, supermarket, bookstore, flower shop,
　　　　 fire station, police station, convenience store, department store, post office, 等

　表現：Where is the〜？　Go straight. Turn right. Turn left.

本時の展開

〔活動①　【Let's Chant】（省略）〕

〔活動②　「同じ地図をつくろう」〕

○めあての確認

　「お互いに気持ちのよいやりとりをして，同じ地図をつくろう」というめあてを提示する。「地図を完成させよう」でなく「地図をつくろう」と設定した理由について児童に考えさせることを通して，地図の完成をめざす活動ではなく，お互いに気持ちのよいやりとりをすることに意識を向けさせるようにする。

○ルールの確認とデモンストレーション

　一つの地図を，建物の空欄の位置が異なるように数種類準備する。空欄になって示されていない建物は，地図の下に示す。

　例えば，"fire station" が地図に示されておらず，その位置を知るために，友達に "Excuse me. Where is fire station？" と尋ねる。尋ねられた方は自分の地図を見て，地図のスタートの位置から道案内をする。自分の地図に消防署の位置が示されていない場合は，"Sorry" と応える。

　インフォメーションギャップを活用した活動であるため，多くの友達とコミュニケーションを図ることができる。

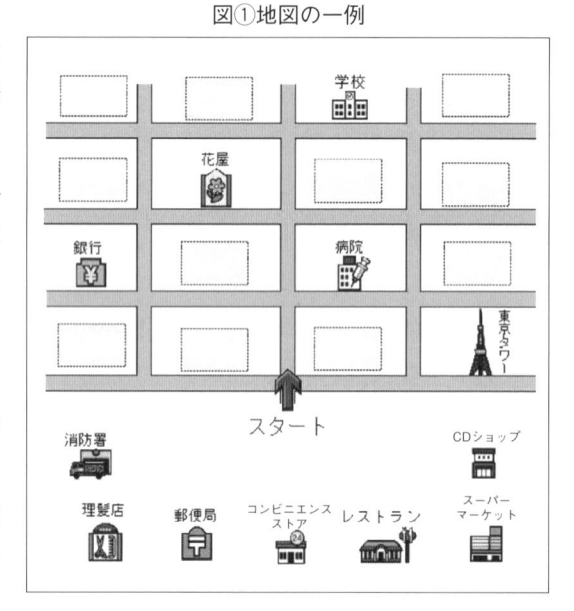

図①地図の一例

写真①ルールの確認の様子　　写真②デモンストレーションを見る児童の様子

○コミュニケーション活動

時間を30分ほど設定し，この活動を3回に分けて実施する。

まずは，5分程度活動を行い，各児童がめあてに対して意識したことを発表させる。お互いが意識していることを共有化したうえで10分ほど活動を再開する。10分後に活動を止め，担任の見取った児童の良さを伝えたり，「どのようなやりとりが気持ちがよかったですか？」などの具体的な発問をしたりする。ここまでの学びを共有化したうえで，活動を再開する。

写真③笑顔で活動する児童の様子　　写真④しっかり考えてやりとりする様子

11　児童の様子・感想

中間評価を入れ，めあてをしっかりと意識させることで，友達に対して気持ちのよい話し方や聴き方に気をつけながらコミュニケーションを図っていた。ただ楽しいだけの活動ではなく，コミュニケーションの質の高さが光っていた。

・○○君はジェスチャーや元気がよくて，笑顔で明るく話されたら気持ちよかった。
・名前を呼んで挨拶してくれたり，最後に握手やハイタッチをしてくれてうれしかった。
・レフトを左，ライトが右と理解するには時間がかかるので，相手に考えさせる時間を与えることの大切さに気付いた。
・自分の説明とは違う場所へ行った。相手の理解を確認する道案内が大切だと思った。

直山木綿子 教科調査官による　ワンポイントアドバイス

本実践では，「気持ちのよいやりとりの大切さに気付かせ，相手との関係を円滑にするコミュニケーションの態度を育てる」というねらいに向けて，子どもが負担を感じることなく設定された表現等に慣れ親しめるよう順序よく各活動が組まれている。さらに，指導者がこのねらいに沿って最後の活動で中間評価を入れることによって，最後のコミュニケーション活動が質の高いものになっている。また，指導者自身が子どもとともにコミュニケーションを楽しみ，よきモデルになっていることが伝わってくる。

モデル授業Ⅲ

第6学年 学級担任がイニシアティブをとりALTとのTTで進める外国語活動

Lesson 8　What do you want to be?　「夢宣言」をしよう

平松　理恵　広島県三原市立西小学校

1　単元目標

○将来の夢について積極的に尋ねたり答えたりするとともに相手意識をもって伝えようとする。
○自分の将来の夢で就きたい職業を尋ねたり，答えたりする表現に慣れ親しむ。
○日本語と英語で，職業を表す表現の違いや共通点を知り，おもしろさや豊かさに気付く。

2　本単元で育てたい力

　本単元では，2年間の外国語活動の総まとめとして「将来の夢」を題材に取り上げる。自分の将来の夢を考える中で，さまざまな職業名の表現に慣れ，互いに将来の夢について尋ねたり，紹介し合ったりすることで，コミュニケーション能力の素地を養い育てる単元としたい。また，中学校へとつなげるためにも，自信をもって取り組ませたいと考える。

3　本単元全体を通しての指導のポイント

○総合的な学習の時間やキャリア教育等と関連させ「夢宣言」をする必然性をもたせたい。本実践では，昨年度のALTに卒業を前に，自分の夢宣言をDVDにして届けようという活動を設定し，目的意識をもたせ取り組めるようにした。
○すべての児童が，就きたい職業を英語で言えるよう担任とALTが事前に打ち合わせ準備しておく。本単元では16種類の職業を扱っているが，児童の夢は多岐にわたる。
○視聴覚機器を活用する。ウォームアップやチャンツで音楽やスマートボード（文科省DVD）を使い，表現できるようにする。本実践では，本校の教員が子どもの頃の夢を話すDVDを作成しコミュニケーションを図る意欲へとつなげた。（活動③参照）
○苦手意識をもつ児童に支援をする。HRTが児童のモデルとなり，ALTとデモンストレーションをしたり，児童の反応を見ながらヒントを与えたり，もう一度説明をするなど，安心して活動できる雰囲気を作る。事前のアンケート結果や振り返りカードを参考に，どの児童も最後の単元として達成感を味わい中学校へとつながる活動ができるようにする。

○学級担任がイニシアティブをとり，ALT との TT で効果的に指導をする。担任はそれぞれの役割を明確にし，毎時間の目標に向けて授業をコーディネートする。ALT を単に発音のお手本にするだけでなく，児童とのやりとりを十分に取り入れたい。毎時間，担任がシートに「活動内容」「担任の活動」「ALT の活動」の流れを簡単に記入し，意図や意志，ALT に果たしてもらいたい役割を伝えるようにした。

4　本単元の語彙・使用表現

語彙：teacher, singer, florist, cabin attendant, baker, dentist, doctor, cook, farmer, comedian, vet, artist, zoo keeper, fire fighter, soccer player, bus driver,

表現：What do you want to be? I want to be ～.

5　本単元の評価規準

○将来の夢について自分から進んで相手に尋ねたり答えたりしようとしている。
○将来の夢を尋ねたり答えたりする表現に慣れ親しんでいる。
○日本語や英語は，言葉は違っても職業を表す語に特徴があることに気付いている。
○相手に伝わるよう工夫して，自分の夢について話している。

6　単元計画（各時の目標と主な活動）

時	目標（○）・活動（・）	コ	慣	気	評価規準	評価方法
1	○さまざまな職業の言い方を知る。 〔Let's Chant〕（p38／39） 〔ポインティングゲーム〕 ・職業名の仲間わけ 〔Let's Listen〕（p38）			○	職業を表す語について日本語と英語の特徴に気付いている。	行動観察 振り返りカード分析
2	○職業を表す語に慣れ親しみ夢について尋ねたり答えたりする表現を知る。 〔Let's Chant〕（p38／39） 〔Let's Chant〕（p40） ・カード取り Game		○		職業を表す語を聞いたり言ったりしている。	行動観察 振り返りカード点検
3	○夢について尋ねたり答えたりする表現に慣れ親しむ。 〔Let's Chant〕（p40） ・キーワード Game 〔Activity〕（P40） ・スピーチメモ作り		○		夢について尋ねたり答えたりする表現を聞いたり言ったりしている。	行動観察 Hi, friends！点検 スピーチメモ点検 振り返りカード点検

時	目標（○）・活動（・）	コ	慣	気	評価	
					評価規準	評価方法
4 本時	○友だちと積極的に将来の夢について尋ねたり答えたりしようとする。 〔Let's Chant〕（p40） ・カード取り Game 〔Let's Listen〕 〔Activity〕夢の交流。	○			自分から進んで相手に夢について尋ねたり答えたりしている。	行動観察 インタビューカード点検 振り返りカード点検
5	○相手意識をもって自分の夢について伝えようとする。 〔Activity〕 ・「将来の夢宣言！」をする。	○			相手に伝わるよう工夫して，自分の将来の夢について話している。	行動観察 スピーチカード点検 振り返りカード点検

7 言葉への気付き

　職業名を調べると，英語と日本語の職業名は相違点が多々あることに気付く。日本語では語尾に「士」「師」「家」，英語では 'er' 'ist' がつくことが多い。英語での職業の語を何度も繰り返し聞いたり言ったりして，英語では [er] [ist] で終わることが多いことに気付かせたい。また，児童に単語の文字を見せて「同じところを見つけてみよう！」と問いかけると，児童は言葉のおもしろさの発見に目を輝かせる。

8 語彙・表現への慣れ親しみ

　外国語活動の総まとめとして，2年間学習してきた表現を生かした活動にしたい。忘れている児童には，その活動で歌った歌やチャンツを想起させると効果的である。

9 コミュニケーションへの積極性

　毎単元，クラスの児童同士のコミュニケーションとなることが多い。そこで，最後のこの単元では，学校の教員，学年の児童（複数クラスの場合），あるいは参観日等を使って保護者等，コミュニケーションの相手の幅を広げたい。そのためには，児童が「言いたい！聞きたい！」という思いをもつ活動の工夫が求められる。（活動③④参照）

10 第4時

本時の目標

　友だちと積極的に将来の夢について尋ねたり答えたりする。

本時の評価規準と評価方法

　自分から進んで夢について尋ねたり答えたりしている。（行動観察，インタビューカード点検，振り返りカード点検）

主な活動
① 【Let's Chant】
② カード取りゲーム
③ DVD 視聴
④ 【Activity】夢の交流をする

本時の語彙・使用表現
　語彙：doctor, teacher, vet, baker, florist, soccer player, artist, cook 等
　表現：What do you want to be?　I want to be ～.

本時の授業展開
〔活動① Let's Chant〕
　Let's Chant は職業を表す言葉に慣れ親しませるとともに、リラックスさせることをねらっている。同じ活動を2時、3時でも行っているので、本時は映像（文科省 DVD）とは違う職業絵カードを ALT が提示し、担任は児童と一緒にジェスチャーをしながら "Big voice！"（大きな声で。）を意識させた。いつもとは違う職業名を言うことで「何が出るのだろう？」と変化をもたせることができた。この場面では、担任が、リラックスが目的なのでジェスチャーしやすいもの、簡単で児童が自信をもって言えるもの、または、本時までの児童の様子からあえて難しいと予想されるものなどの意図をもって職業名を選ぶというイニシアティブをとる。児童のことがよくわかる担任ならではの判断で進めることができる。

〔活動② カード取りゲーム〕
　カード取り Game は、担任が "One, two！" とかけ声をかけ児童全員で "What do you want to be？" と ALT に尋ねる。児童は ALT が "I want to be～." と答えた職業のミニ絵カードを素早くとるという "カルタ取り" ゲームである。この場面では、担任は児童側の位置でイニシアティブをとることができる。各グループの進み具合を見ながら、テンポよく次のかけ声をかける。ALT に始めの手の位置や取るカードの枚数の指示を出す。（児童に気付かれないようにアイコンタクトとジェスチャーで「次の始めの手の位置は背中ね！」「次は職業名を2種類言ってね！」等）。その際、ALT は2年間で使用した表現を使うようにする。

〔活動③ DVD 視聴〕
　Let's Listen は本単元で独自の工夫を入れた活動である。児童が夢の交流をする本時のメインの活動に意欲的に取り組めるように、本校の教員（3人分）が子どものころに抱いてい

た夢をDVDにした。

　内容は，DVDに登場する教員と教室の児童が応答できる形である。リズム（キーボードを使いチャンツの要領でBGMとして流れる）に合わせて大型TVの中の教員が"Hello！"と話しかけると，児童も"Hello！"と返す。次の活動④の会話と同じ流れにすることで，メインの活動の練習にもなるという具合である。"What do you want to be？"と児童が問いかけた後は，大型TVの中の教員はその職業のジェスチャーをする。画面を見ている児童から，あれかな？これかな？といろいろなつぶやきが出てくる。担任は"What do you think？"と尋ね，児童の予想を聞きだす。その後，DVDの続きを見せ，登場している教員が理由を言い"Thank you！"（DVD）"Thank you！"（児童）"Good bye！"（DVD）「Good bye！」（児童）となる。知っている教員の子どもの頃の夢を知り「意外！」「似合ってる！」など，さまざまな感想をもち，「もっといろいろな人の夢も聞いてみたい！」という気持ちが高まってくる。本時では，"Bus driver""Santa Claus""Announcer"であったが，理由を"I like～""I want to～""I can～"など，今まで慣れ親しんできた表現を入れて話してもらうようにした。その他，自分の夢の理由を話すときに"I play～""I study～""I have～""I want～"など，さまざまな表現を想起させ生かすようにさせたい。この場面では，児童が予想した答えを発表した後，ALTに発音の確認をしたり，児童が日本語で答えた言葉を英訳してもらったりした。さらに"Do you like Santa Claus？"などのようにALTに簡単な質問をして話題を広げ，担任主導で進める中にも，ALTと担任が英語を使ってコミュニケーションをとっている姿を見せるなど，TTを活かす工夫を忘れてはならない。本時では"an announcer"の発音確認も行った。

〔活動④ Activity 夢の交流をする〕

　これは20分間を使うメインの活動である。10分くらいで"Stop！"をかけ，"Good communication"の児童にお手本としてさせ，どこが良いかを確認する。そして「やってみよう！」と再度スタートする。この場面では，担任とALTはお互いに評価カードをもち"Stop！"をかける直前にお互いのチェックを見てお手本の児童を決める。担任だけでなくALTも，簡単な英語で（"Good eye contact！"など）ほめることにより，児童

はますます意欲をもつ。

⓫ 児童の様子・感想等

　本時は，研究授業ということで，他校からの多くの先生方との交流ができる絶好の機会であった。児童は「いろんな人と英語で会話ができてとてもうれしかった。もっと英語で話せるようになりたい」「まさか○○先生の夢がダイバーだったなんて！」「緊張したけど，大きな声で言えたし，いろいろな人の夢とその理由を知ることができておもしろかった」などの感想をもった。

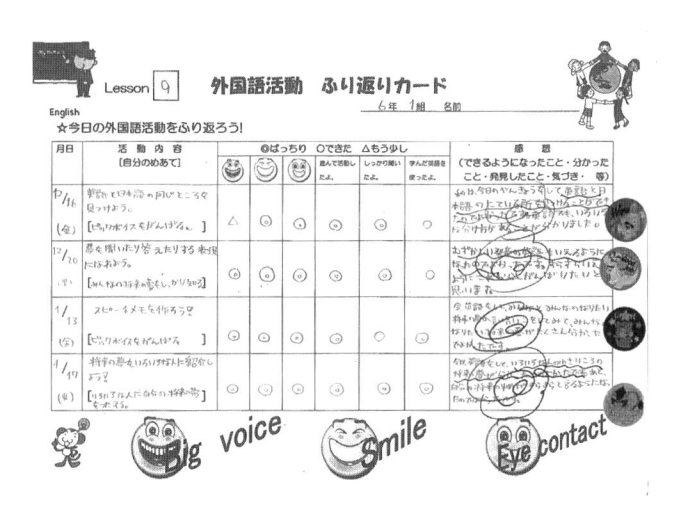

> **直山木綿子 教科調査官による ワンポイントアドバイス**
>
> 　単元で扱う題材を他教科等と関連させ深めることで，児童が言いたい，聞きたいという思いがよりふくらむ。本実践では，総合的な学習の時間等と関連した内容とすることで，児童に伝え合う必然をもたせている。必然性があるからこそ，児童は友達とコミュニケーションを図りたいと思うであろうし，コミュニケーションしたことで新しい発見がある。また，将来就きたい職業に加えてその理由を言うことでより相手の思いを理解し，言葉は互いに理解するための道具であること，そしてその大切さに気付くと思われる。

特別活動
教科調査官が求める授業

杉田 洋

文部科学省初等中等教育局教育課程課教科調査官

共生社会の担い手となるために，
多様な他者と折り合い自己を生かす思考力・判断力・表現力を培う。

1 学習指導要領が求める指導と評価

● 特別活動の改善の基本方針

　特別活動学習指導要領は，「豊かな学校生活を築き，公共の精神や社会性を育成すること，特によりよい人間関係を築く力，社会参画の態度や自治的能力の育成を重視すること，道徳的実践の指導の充実を図る観点から目標や内容を見直すこと」の改善の基本方針の下に改訂が行われました。目標に「人間関係」が加えられたり，内容として，言語活動の充実が求められたりした点などを，しっかりと理解して指導と評価の改善に努める必要があります。

● 言語活動の充実

　ここでは，特に言語活動の充実に絞って，これからの指導と評価について述べたいと思います。まず，特別活動の言語活動として，学習指導要領において次の2つの活動の充実が求められました。1つは「よりよい生活を築くために集団としての意見をまとめる話合い活動」です。もう1つは，「体験活動を通して気付いたことなどを振り返り，まとめたり，発表し合ったりするなどの活動」です。
　特に1つめの児童生徒が自発的，自治的に進める言語活動は，集団決定や合意形成など特別活動だけが取り扱う話合い活動であることを理解し，指導の充実を図る必要があります。また，2つめの振り返り場面での言語活動は，P－D－C－Aの活動過程が重要であること

を理解し，活動をさせっ放しにせず，成果や課題をまとめて次に生かす指導を重視する必要があります。特別活動は，これまでとかく集会活動や係活動，児童会・生徒会活動，学校行事などにおいて，どのような活動をさせるのかが指導の中心になりがちでした。しかし，その中核に児童生徒の言語活動を据え，その充実を図らなければ，結果的によりよい生活も人間関係も築けないし，自己の生き方の考えを深めたり，自己を生かす能力を養ったりすることもできないということについて，真剣に受け止めなければならないということです（右図参照）。

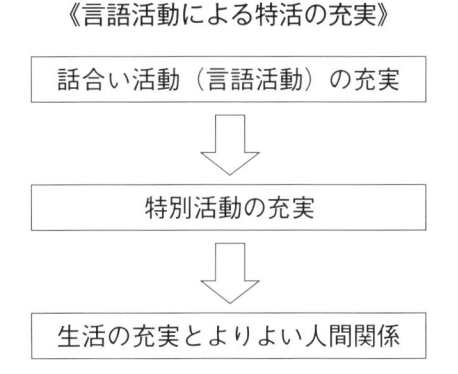

《言語活動による特活の充実》

話合い活動（言語活動）の充実
↓
特別活動の充実
↓
生活の充実とよりよい人間関係

● 特別活動の「評価の観点」の特徴
〔集団活動や生活への関心・意欲・態度〕

「集団活動や生活への関心・意欲・態度」の観点の趣旨は，取り組むべき集団活動への関心・意欲が中心になります。例えば，重視された「話合い活動」について，あえて教科との違いを言えば，教科は教えるべき内容や課題に即して児童生徒が話し合うのに対し，学級会は児童生徒が「なしたいこと」を自分たちで決めて，実現するために話し合います。いわば，教師が定めたゴールに向かい，教師が敷いたレールを児童生徒が意欲をもって走るというのではなく，児童生徒自身がゴールを見定め，レールを敷いて，そこを走りきるというような自主的，実践的な意欲です。したがって，P－D－C－Aの児童生徒の活動過程に加え，その前段階としてのS（standing），つまり「発起する」とか「自分から立ち上がる」ことができるようにするための事前指導や活動のスタート段階において，生活上の諸問題を発見したり，自己の課題を見つけたりすることへの内発的動機付けを促すなどの指導を重視する必要があります。

《特別活動の「関心・意欲・態度」の特色》

特別活動

子ども自身が「やりたいこと」 ⇒ その実現のために話し合う

「集団活動や生活への関心・意欲・態度」……自分から立ち上がる（standing）

教　科

その教科が教える内容・課題 ⇒ 与えられた内容・課題について話し合う

「その教科の単元（内容や課題など）への関心・意欲・態度」……自分から学ぶ

〔集団の一員としての思考・判断・実践〕

「集団の一員としての思考・判断・実践」の観点については，「表現」でなく「実践」としている点が特徴的です。「なすことによって学ぶ」を指導原理とし，「自主的，実践的な態度」を目標としている特別活動において，話合いなどにおいて「思考」し，「表現」し，「判断」するだけでなく，「実行」できるようにすることが極めて重要になります。つまり，「実践」の中身は，表現（言葉で表現すること）と実行（態度や行動に表すこと）と考えるとよいでしょう。

〔集団活動や生活についての知識・理解〕

「集団活動や生活についての知識・理解」は，集団活動の進め方などが中心になります。特に前述したように言語活動として，学級会など特別活動固有の「話合いの仕方」にウェートを置くことが考えられます。このほか，学級活動や児童会・生徒会活動，学校行事などについて，何のためにこの活動をするのかの意義の理解もその内容とすることが考えられます。

● スパイラルに繰り返してゴールをめざす

教師は，児童生徒による自主的な (S) P-D-C-A の活動プロセスを繰り返させながら，よりよい生活や人間関係を築くなど特別活動の目標の実現に導いていくことになります。

その際，「P」をつくるための「話合い」が大事になります。特に，学級会やクラブ活動，児童会・生徒会活動における自治的な話合いについては，その手順を身に付けられるようにするだけでなく，より深く話し合い，より重い集団決定ができるよう質の高まりを求めていく必要があります。そのため，提案理由や活動のめあてなどをしっかりと理解できるようにした上で，多様な考えが述べ合えるようにします。また，話合いのめあてなどに即して互いの意見のよさを生かしながら集団決定ができるようにします。もちろん，決定したことをみんなで協力し，一人一人が役割を果たしながら実現できるようにする「D」の指導はとても重要です。さらには，活動の成果と課題を明らかにし，次に生かすための振り返りの話合いの「C」の指導では，道徳的実践として「自己の生き方についての考えを深める」ことができるようにすることも大事なことです。これら (S) P-D-C-A 活動の全体を貫くものが学級の生活づくりの目標です。これを目指して，みんなが同じ方向を向いて1隻の船を漕げるようにしていくための指導と評価が大事になります。特に，望ましい集団活動を特質とする特別活動においては，「集団の評価」を生かした指導も大事になります。

❷　指導の工夫，評価の改善のポイント

● 特別活動として育てたい思考力・判断力・実践力を見定める

特別活動の評価の観点で特に大切なのが，「思考・判断・実践」です。まずは，特別活動

として育てたい思考力・判断力・実践力とは何かについて学校として明確に見定めておく必要があります。

　では，このことを話合い活動で考えてみましょう。例えば，学級会の話合い活動は，「意見を出し合う」（拡散），「比べる」や「決める」（収束）の一連の活動の流れを踏みますが，「比べる」というのは，「わかり合い，訊き合う」ということです。聞き合うではなくて訊き合う，教科でいえば質問する力のようなものです。「相手の考えをよく知ろうとする」，「相手の考えを尊重しようとする」などの思考や判断，表現などは，特別活動で特に育てたいものです。

　一般的に行われている大人の会議でも，ただ「反対」を言うだけで代案も出さないのであれば生産的な話合いにはなりません。また，単に「反対」や「賛成」を述べ合うだけで「数の論理」だけで収束させてしまうのであれば，話合いを勝ち負けにするようなディベートに近いものになってしまいます。ただ「反対」するだけではなくて，「あなたの言っていることは，このように理解していいですか」，「ここは少し問題だと思いますが，どうでしょうか」と訊き合うような話合いになれば，建設的で生産的な意見交換になるのです。

　また，司会進行に対する適切なアドバイスを互いにし合えるようにすることも大事なことです。例えば，「収束に向けて意見をいくつかにまとめたらどうか」，「わかりやすく分類してから話し合ったほうがいいのではないか」，「いくつかに整理してから考えてみたい」などのアドバイスが司会者に向かってできるような子どもを育てることも特別活動の役割の一つです。

　このほか，基本的なコンセプトには同意しながら，「問題点を指摘する」や「折り合うために少し譲って，相手の意見を取り入れる」，2つの意見が相違していれば，「両方のいいところを合わせたものにできないか」，「まったく重ねてしまうことはできないか」，「両方のいいところを取り上げて，新しいものが生み出せないか」などの視点から「思考」し「判断」できるようにすることも特別活動として大事にしたいことです。つまり，「学級会としての思考・判断・実践を育てる」とは，国語科などで身に付けたわかりやすく話す，要点を聞き取るなどの言語力を生かして，集団の一員として適切に考え，判断し，よりよい共生社会を築くために折合いをつけて実践できるようにすることなのです。

● ツールとスキルの研究を

　特別活動の指導は，これまでとかく，活動のプロセスの指導にとどまっていることが多かったように思います。例えば，学級会であれば，「意見を出し合う」（拡散）－「比べる」「決める」（収束）の一連の話合いをいかに子どもたちが自主的に行えるようにするかという指導です。また，「真剣に聞いて，熱くアドバイスをする」とか，「子どもと共に考え，子どもと共に喜べ」などのように感覚的なアドバイスが多く行われるのも特徴の一つです。

もちろん，子どもたちが自主的に話合いができるようにする指導は優先されるべきことです。しかし，言語活動の充実が求められ，思考力や判断力，表現力などの育成が重視された今，加えて「話合いの質を高める指導」にも踏み込んで研究をする必要があるでしょう。また，人間的なふれあいを特質とする特別活動において教師の思いや児童との関わりなどウェットな指導を重視することも大事ですが，このような指導方法は抽象的で，一般化しにくいという問題があることも理解しておく必要があります。

　そこで，特別活動としての「思考・判断・実践」が育つような指導と評価の工夫について研究をする場合，例えば，学級会でどのようなことを研究していったらいいでしょうか。特別活動は「なすことによって学ぶ」を指導原理としていますから，実際に児童生徒に学級会に取り組みながら教師の助言によって，共生社会の一員としてふさわしい考え方や判断，表現の仕方などを身に付けられるような指導が基本になると思います。このようなことは，これまでも研究されてきましたので，既存の研究成果の上に引き続き研究を重ねていくことが求められます。

　このほか，ややドライになりますが，一般化できる研究としては，ツールの開発とスキル指導の工夫などが考えられます。これまでも，ツールすなわち道具の一つとして，各種のワークシートやノート，学級会グッズやコーナーなどについての研究が行われてきましたが，「話し合い活動のプロセスを自主的に行えるようにするため」という側面が強かったように思います。これらを特別活動としての「思考・判断・実践」を育てるためにどのようにするかと考えた場合，思考や判断の流れが見えるディスプレイとしての板書の工夫や掲示の工夫など，児童生徒の意見を話合いの経過などがわかるように出された意見を可視化し，操作化し，構造化するなどの研究は，今後新たに取り組んでみるべき内容の一つです。

　このほか，「共生的な思考」を広げるためのワークシートを工夫することもツールの開発の一つとして考えられます。例えば，6年生が異学年交流会の計画を立てるときに，「1年生も楽しめる」，「6年生が高学年としてリーダーシップを発揮できる」，「1年生と6年生のよりよい関係がつくれる」，「準備が簡単にできる」などのいくつかの視点を示し，それらを満たすものを考えられるようなワークシートを与え，自分の考えをまとめさせてみるなどはその例です。何らかの視点があって考えるのとなんの視点もないままに考えるのでは，思考の質や広がりはまったく違ってくるのだと思います。

　ツール（道具）としてのディスプレイやワークシートだけでなく，これらを使いこなすために訓練的に二人組で繰り返し行ってみるなどスキル的な指導の工夫も研究のひとつになると思います。いずれにしても，このような研究から，いくつかの種類のシートや方法などが明らかになってくるはずです。そして，それらを一つの箱に入れたようなツールボックスのようなものが生み出されてくるでしょう。大事なことは，これらを並べてパターン化するのではなく，特別活動の原則や基本を外さないようにしながら，児童生徒や学級，学校の実態

に即してよりよいものを選んで活用できるようにするためのツールや指導方法などのバリエーションを広げるような研究にすることです。

● 自己指導の能力を評価し指導に生かす

　学級活動(2)の話合いは，これまで述べてきた「集団の生活を高めるための実践方法などを集団決定をする話合い」とは異なり，「自分自身の生活を高めるための実践課題を自己決定をする話合い」です。つまり，自分自身のために，自分が越さねばならないハードルを自分で立て，それを乗り越えていくような話合いです。したがって，学級活動(2)としての思考・判断・実践を指導し評価するとは，自分自身の実態や課題を厳しく見つめ，どんなことに努力すべきなのかについて情報交換をし，自分に合った適切な実践課題を見定めて自己決定し，その決定に沿って最後まであきらめずに努力をし続けることができるような自己指導の能力を評価し，指導に生かすということです。

● 特別活動の評価の方法

　特別活動は，児童生徒による実践的な活動を特質としていることから，テストなどのペーパーや点数で評価することは望ましくなく，教師による観察法が基本になります。ただし，すべての児童生徒が一斉に活動するため，一人一人の児童生徒の取組みのすべてを見取ることができないため評価が難しいと言われています。そこで，それを補うために，工夫がなされています。本章では，その中からいくつかの授業例を紹介しています。例えば，教師の補助簿を活用して評価する例として，安部先生のモデル授業Ⅰを紹介しています。また，チェックシートを活用した「個人の評価」と「集団の評価」の例として，井田先生のモデル授業Ⅱを紹介しています。さらには，児童の活動記録を参考にして評価する例として，橋谷先生のモデル授業Ⅲを紹介しています。

　ここまで述べてきたように，特別活動で育てたい資質や能力は，一朝一夕に育てられるようなものではありません。共通の指導の中で繰り返しの活動を通して体得していくようなものです。したがって，特別活動でどんな児童生徒を育てたいのかを明確にし，全教職員が共通理解を図って共通の指導と評価にあたれるようにすることが第一に大事になります。まさに特別活動という一つの船を，どの教師もが同じ方向に向いて艪を漕げるような指導と評価にすることが大事なのです。そのためには，あまり複雑で，難しい評価はなじみません。あまり細かい評価やすべての児童生徒や活動を一度に評価するようなことも現実的ではありません。ある一定の期間をかけて，いくつかの活動を通して，少しずつ全児童生徒の活動状況を把握しながら，日々の指導に生かしていくような姿勢こそが大事です。

　どうか，本書を活用しながら，特別活動の成果が少しでも上がりますよう，よりよい評価と指導の工夫に取り組んでいただければ幸いです。

モデル授業Ⅰ

第4・6学年 補助簿を活用した指導と評価

「スポーツ集会をしよう」「兄弟学級の1年生との交流会をしよう」

安部　恭子　さいたま市教育委員会

1　第4学年　学級活動(1)「スポーツ集会をしよう」

（1）第3学年及び第4学年の学級活動(1)の評価規準と目指す子どもの姿

集団活動や生活への 関心・意欲・態度	集団の一員としての 思考・判断・実践	集団活動や生活についての 知識・理解
学級の生活上の問題に関心をもち，他の児童と協力して意欲的に集団活動に取り組もうとしている。	楽しい学級生活をつくるために話し合い，自己の役割や集団としてのよりよい方法などについて考え，判断し，協力し合って実践している。	みんなで楽しい学級生活をつくることの大切さや，学級集団としての意見をまとめる話し合い活動の計画的な進め方などについて理解している。

○十分満足できる活動の状況……学級の友達ともっと仲良くなるために必要なルールや係について考え，進んで話し合おうとしている。スポーツ集会に向けた準備に，同じ係の児童と協力し合って取り組んでいる。スポーツ集会の活動に仲良く取り組んでいる。

○課題のある状況……学級活動ノートに自分の考えを書けているが，学級会でなかなか発言できない。学級会で発言はするものの，集会の準備や実践に進んで取り組まない。

（2）活動の流れと評価

	活動・指導上の留意点	評　価
事　前	○計画委員会を開く。 ・話し合うことや役割分担を決める。 ○事前アンケートをとり，まとめる。 ・「どんなことをするか」事前アンケートをとり，計画委員の児童で模造紙等にまとめ，教室に掲示しておく。	・話し合い活動の準備の仕方や基本的な進め方を理解している。 　　　　　　　　　　（知識・理解） ・話し合いの準備に進んで取り組もうとしている。（関・意・態）
本　時 【学級会】	○話し合う。 ①どんなことをするか決めよう。 ・集会のねらいを確認し，「楽しく協力し合ってスポーツをすることで，学級のみんなともっとなかよくなる内容」であることを意識して，話し合いができるようにする。 ②みんなが仲良くなるためのルールを決めよう。 ③集会が楽しくなる係を決めよう。 ・これまでの集会活動の経験を想起させ，必要な係について考えることができるようにする。	・みんなが仲良く楽しく行えるスポーツ集会にするための内容やルールの工夫について考え，話し合っている。 ・集会に必要な係を考え，話し合っている。 　　　　　　　　（思考・判断・実践）
事　後	○係ごとに協力し合って準備し，スポーツ集会を実践する。	・決まったことや自分の役割を仲良く実践している。 　　　　　　　　（思考・判断・実践）

（3）補助簿の例

集団活動や生活への 関心・意欲・態度	・計画委員会の活動や話合いの準備に進んで取り組んでいる。 ・議題について自分の考えをもって話合いに臨んでいる。 ・決まったことや自分の役割に進んで取り組もうとしている。
集団の一員としての 思考・判断・実践	・提案理由に沿って考え，理由を明確にして自分の意見を発言している。 ・友達の考えを自分の考えと比べながら聞いている。 ・決まったことについて，協力し合って取り組んでいる。
集団活動や生活に ついての知識・理解	・計画委員会の仕事や話合いの進め方について理解している。 ・決定したことや自分の役割について理解している。

> 学期を通してこの補助簿を活用する。活動ごとに，話合い活動の様子や事前の学級活動ノートの記入など，児童の活動状況を評価し，気が付いたことをメモする。

> 「思考・判断・実践」について，この児童の場合は，話合いのねらいに沿って話し合い，事後の実践においても協力し合って活動していることから，十分満足できる状況であるといえる。

4の3		学期	2 学期					二学期の状況	
児童氏名		日付	9／2	9／9	10／14	10／28			
	活動名		2学期の係を決めよう	工夫しよう運動会の応援の仕方を	スポーツ集会をしよう	○○小祭りを成功させよう			
		観点							
○○○○		関	○	○	○	○		○	9／9：めあてに沿って，応援グッズのアイデアを進んで提案。 10／14：楽しいルールを考えた。集会の準備や実践も協力し合ってできた。
		思	○	◎	◎	○			
		知				○			
○○○○		関	○		○			○	10／14：司会◎ 10／28：友達の発言をよく受け止め，経験を生かして話し合えていた。
		思			○	○			
		知			◎				

（4）評価方法と活用（授業改善に生かす）

　学級活動(1)の話合い活動の評価においては，話合いのねらいや提案理由に沿って意見を発言しているか，友達の意見を受けてよりよい方法を考えて話し合っているかなどについて，児童の活動の状況から見とることができる。

　本活動では，学期を通して評価する補助簿の例を示した。補助簿を活用する際には，「思考・判断・実践」の観点に重点を置いて，本活動のねらいにそって設定した「目指す児童の姿」に基づき，児童の活動状況を見とるようにし，単なる学級会における発言回数のチェックにならないようにすることが大切である。また，本時の学級会だけでなく，事前の学級活動ノートの記述や話合い後の振り返りの記述，事後の実践状況などについても補助簿に記入しておき，評価する上での参考になるようにするとともに，学期を通して記録することにより，児童の多様なよさや進歩の状況を見とることができるようにする。

2　第6学年　学級活動(1)「兄弟学級の1年生との交流会をしよう」

(1) 第5学年及び第6学年の学級活動(1)の評価規準と目指す子どもの姿

集団活動や生活への 関心・意欲・態度	集団の一員としての 思考・判断・実践	集団活動や生活についての 知識・理解
学級や学校の生活の充実と向上にかかわる問題に関心をもち，他の児童と協力して自主的に集団活動に取り組もうとしている。	楽しく豊かな学級や学校の生活をつくるために話し合い，自己の役割や責任，集団としてのよりよい方法などについて考え，判断し，信頼し支え合って実践している。	みんなで楽しく豊かな学級や学校の生活をつくることの意義や，学級集団としての意見をまとめる話し合い活動の効率的な進め方などについて理解している。

○十分満足できる状況……1年生との交流を深める方法について，相手の立場になって考え，話し合っている。友達の考えと自分の考えを比べながら聞き，よりよい方法となるように進んで考え発言している。これまでの経験を生かし，よりよい工夫や必要な役割について考えている。上学年としての自己の役割を自覚し，進んで準備したり，活動に取り組んだりしている。

○課題のある状況……1年生のことを思いやるあまり，「してあげる」ことに終始してしまっている。決まったことや自分の役割に進んで取り組もうとしない。

(2) 活動の流れと評価

	活　動	評　価
事前	○計画委員会で，1年生のやりたい遊びを調査し，学級活動コーナーに掲示しておく。 ○学級活動ノートに自分の考えを書く。	・1年生との交流活動でどんな遊びをしたいか，提案理由に沿って考え，準備している。 （思考・判断・実践）
本時 【学級会】	○話し合う。 ①どんな遊びをするか決めよう。 ・これまでの経験を想起させ，1年生のことを考えながら，自分達も一緒に仲良く楽しめる遊びを決めることができるようにする。 ②もっと仲良くなるための工夫を考えよう。 ・1年生の立場を考えながら，学級全員で取り組める工夫を考えることができるようにする。 ③必要な係を決めよう。 ・一人一人が役割をもち，責任を果たすことで，よりよい交流活動が行えるようする。	・1年生ともっと仲良くなることができる遊びや工夫について考え，話し合っている。 ・1年生の立場を考えながら，よりよい方法となるよう話し合っている。（思考・判断・実践） 学期ごとの評価に基づき，年間の総括を行う。
事後	○協力し合って準備し，1年生との交流活動を行う。 ○活動全体を振り返り，互いのよさやがんばりを認め合う。	・決まったことや自分の役割を仲良く協力し合って実践している。 （思考・判断・実践）

（3）補助簿の例

学級活動(1)の補助簿　　第6学年1組

児童氏名 \ 項目	観点 関心・意欲・態度 準備に進んで取り組んでいる計画委員会の活動や話合いの	議題について自分の考えをもって話合いに臨んでいる	決まったことや自分の役割に進んで取り組もうとしている	思考・判断・実践 提案理由に沿って発言している、理由を明確にして	友達の考えを自分の考えと比べながら聞いている	決まったことについて協力し合って取り組んでいる	一学期	二学期	年間の総括
○○○○		○○	○	○	○○	○○	○		4/11 集会のめあてに沿って発言。準備・実践にも進んで取り組んだ。 5/9 1年生の立場を考えて遊びのルールを提案，交流会でも優しく接していた。
○○○○			○	○					5/9 黒板記録，丁寧でわかりやすい。 6/21 雨の日の遊びについて，経験を生かして新たな意見を提案。

> 学期ごとの評価にもとづき年間の総括を行う。

> この児童の場合，話合いのめあてや集会のねらいに沿って活動できていることから，十分満足できる状況であると判断できる。

（4）評価方法と活用（授業改善に生かす）

　話合い活動で目指す児童は，「自分の思いや考えを，自分のことばで伝え合う」ことのできる児童である。それには，児童にとって必要感の高い議題を選定し，事前に指導理由や話し合いのめあてを共通理解させた上で，自分の考えをもって話合いに臨ませることが何より大切である。また，「思考・判断・実践」について，教師が事前の学級活動ノートの児童の記入や，学級会における児童の発言や参加態度，事後における準備や実践の活動状況等について，補助簿に記録し，児童のよさやがんばりを多様に見とり，評価することが大切である。

杉田　洋 教科調査官による ワンポイントアドバイス

　観察法で取り組みたいのが，児童の活動の様子を記録する補助簿である。記録の仕方としては，単に評価の観点に即して十分満足できる活動の状況の児童に○を付すのでなく，自分で見た児童生徒の様子をメモなどでエピソード的に残していくことが大切になる。学級会における評価については，話合い後にデジカメなどで撮影した板書の映像を印刷して補助簿に貼ったり，発言をメモしたりしておくなども考えられる。

モデル授業 II

第5・3学年 チェックシートを活用した「個人の評価」と「集団の評価」

「5年生をしめくくる『レッツ6年生！活動』の内容を決めよう」
「学級ミニ遊び集会をしよう」

井田 敦　札幌市立もみじの森小学校

❶ 第5学年　学級活動(1)　5年生をしめくくる『レッツ6年生！活動』の内容を決めよう

（1）評価規準と目指す子どもの姿

集団活動や生活への 関心・意欲・態度	集団の一員としての 思考・判断・実践	集団活動や生活についての 知識・理解
司会や記録の仕事，話合いに積極的に取り組もうとしている。	議題や話合いのめあてに基づき，よりよい学級生活づくりに向けて考え，判断し，建設的に話し合っている。	計画委員会の仕事内容や効率的な話合いの進め方を理解している。

○十分満足できる活動の姿

　目的に合った活動のアイディアを，ノートに記入している。友達の発言について，相手の思いを受けとめようという意識をもって聞いている。友達の意見を聞いて，新たな意見や折衷案を提示し，集団決定に向かうための意見を発言している。学級のいろいろな活動を振り返り，これまでの経験を生かして自分の考えを発表している。

○課題のある姿

　議題に対して自分の考えを具体的にもつことができない。話合いに参加できていない。

（2）活動の流れと評価

	活　動	評　価
事　前	【計画委員会の活動】 ・話合いの計画を作成する。 ・『レッツ6年生！活動』についてアンケートを行う。 ・アンケートの結果を示し，議題を学級に提案する。 【学級全員の活動】 ・アンケート結果を参考にしながら，自分の考えを学級活動ノートに記入する。	話し合うことがわかり，活動計画に記入している。　（知識・理解） 活動の目的に合った内容を，学級活動ノートに記入している。 　（関心・意欲・態度）
本　時	【話合いの活動】 話し合うこと①……どんなことをするか決めよう。 話し合うこと②……役割分担をしよう。	友達の意見を参考にして，新たな意見や折衷案について発言している。 　（思考・判断・実践）
事　後	【実践】 ・役割ごとに，具体的な計画を立て，準備を行う。 ・『レッツ6年生！活動』を行う。	日程と準備に，見通しをもって活動計画を立て，支え合って実践している。 　（思考・判断・実践）

（3）チェックシートの例

分類		発言の種類	1	2	3	4	5
	Ⅰ	自分の考えていたことを伝える	○	○		○	
		事前に記録したノートやシートを読んで伝える				○	
		日常生活の様子を例示しながら伝える					
		カードを使って説明する					
		板書を使って説明する				○	
		以前の活動を想起し，例示しながら説明する					
		具体的な数をあげて意見を述べる					
		実践しながら説明する					
	Ⅱ	友達の意見を補足する			○		
		友達の考えを代わりに説明する			○		
		友達の意見でわからないことを質問する		○			
		意見に対し賛成の気持ちを伝える					
		意見に対し反対の気持ちを伝える					
	Ⅲ	進行を助ける				○	
		司会の言葉を補助する					
	Ⅳ	似ている意見をまとめる					
		友達の意見のよいところを認める				○	
		意見をもとに，活動の様子を予想して伝える					
		自分と異なる考えと比較して違いを述べる					
		活動を通してこうなってほしい，という願いを伝える					
		異なる意見の中から折り合える点を見つけ出す				○	
		意見の違う友達に理解を求める					
		新しい意見を提出する				○	
		条件つきで賛成の意思を伝える			○	○	
		自分の考えが変わったことを述べる			○		
	Ⅴ	決定を受け入れたことを伝える				○	
		決定したことへの期待感を述べる					○
		学級会の振り返りを述べる	○			○	

Ⅰ 思いを表出する発言
Ⅱ 意見を絡ませる発言
Ⅲ 進行を補助する発言
Ⅳ 集団決定に向かう発言
Ⅴ 決定を受け入れ，活動への期待感をもつ発言

※個の発言種をチェックすることに併せ，Ⅰ～Ⅴの分類と重ねることにより，集団決定に向かう話合いになっているかを評価していくことができる。

（4）評価方法と活用（授業改善に生かす）

　学級活動(1)の話合い活動においては，子どもが自分たちで話合いを進行し，集団決定に向かうことが大切である。教師は助言者として，子どもたちの「思考・判断・実践」力を育てていかねばならない。このチェックシートを活用することで，子どもの思考力・判断力を高めることができる。

　話合い活動において，Ⅰ～Ⅴの分類は，集団決定とその後の実践への期待感を高める授業の流れを作る大切な要素である。教師は個の発言種をチェックし，評価につなげるとともに，授業の流れを見取ったり，本時の助言に生かしたりなど，「話合い活動」の授業改善につなげるための資料とすることができる。

　また，このチェックシートにある発言種を，ノートや学級表示などを利用し，子どもに提示しておくとよい。子どもたちがどんな発言をするとよいのか，どんな話合い活動になるとよいのかを事前に理解しておくことで，意識して話合いに参加することができるとともに，自己評価にもつなげていくことができる。

❷ 第3学年　学級活動「学級ミニ遊び集会をしよう」

（1）評価規準と目指す子どもの姿

集団活動や生活への 関心・意欲・態度	集団の一員としての 思考・判断・実践	集団活動や生活についての 知識・理解
楽しい集会活動にするために，意欲的に取り組もうとしている。	集会の計画や運営について，協力し合って実践している。	集会活動の進め方や役割分担の方法について理解している。

○十分に満足できる活動の姿

　学級がもっと仲良くなるための集会の内容や工夫について，ノートに記入したり，発言につなげたりすることができる。集会の準備に進んで取り組もうとしている。集会の自分の役割を，責任をもって行っている。友達と協力して積極的に集会の活動に取り組んでいる。集会後に，めあてにかかわる自分の感想や，友達のがんばっていたことや新たなよさの発見について発表したり，振り返りカードに書いたりしている。

○課題のある姿

　集会の準備に参加できない。集会の中で，協力して行動することができていない。振り返りカードに記入することができない。

（2）活動の流れと評価

	活　　　動	評　　　価
事　前	【計画委員会の活動】 ・話合いの計画を作成する。 【学級全員の活動】 ・学級会「サンシャイン会議」での話合い活動をする。 ・役割ごとに，具体的な計画を立て，準備を行う。	話し合うことがわかり，活動計画に記入している。　　　　　　　　（知識・理解） 友達の意見を参考にして，新たな意見や折衷案について発言している。 　　　　　　　　（思考・判断・実践） めあてをもとに，自分の役割に責任をもって取り組んでいる。 　　　　　　　　（思考・判断・実践）
本　時	【集会活動・実践】 ・集会活動を実践する。	友達と協力して集会の活動に取り組んでいる。　　　　　（思考・判断・実践）
事　後	【振り返り】 ・振り返りカードに記入する。	めあてに自分の感想や友達のよさ，新たな発見について記入している。 　　　　　　　　（思考・判断・実践）

（3）チェックシートの例

		活動の評価
ア	Ⅰ	□教師と共に活動の目標をみんなで考えることができている。 □活動目標のキーワードを言うことができている。
	Ⅱ ✓✓	□活動の目標を自分たちで考えることができている。 □活動の目標を全員が言うことができている。
	Ⅲ	□自分たちの生活の振り返りをもとに，活動の目標を自分たちで考えることができている。 □活動の目標や目標設定の背景を言うことができている。
イ	Ⅰ	□目標に向けての方法や手段をみんなで話し合うことができている。
	Ⅱ ✓	□目標に向けてのよりよい方法や手段をみんなで話し合うことができている。
	Ⅲ	□目標に向けてのよりよい方法や手段を個々の立場や思いをくみながらみんなで話し合うことができている。
ウ	Ⅰ ✓	□役割を理解し，みんなのために活動することができている。
	Ⅱ	□自分たちで決めた役割分担を共通に理解し，全員が責任を果たすことができている。
	Ⅲ	□自分たちで決めた役割分担を共通に理解し，全員が活動の目標に向かって責任をもって取り組むことができている。

		集団の評価
エ	Ⅰ	□一人一人の思いを聞き合える集団になっている。 □学級全員で遊んだり活動したりできる集団になっている。
	Ⅱ ✓✓	□一人一人の思いや願いを交流できる集団になっている。 □学級全員で協力しながら活動できる集団になっている。
	Ⅲ	□一人一人の自発的な思いや願いを出し合い，交流できる集団になっている。 □学級全体で支え合いながら，活動できる集団になっている。
オ	Ⅰ	□全員が学級で活動することの楽しさを味わえる集団になっている。
	Ⅱ ✓	□全員が学級のよさを感じ取り，みんなで活動することの楽しさを味わうことができる集団になっている。
	Ⅲ	□学級の一員であることに喜びを感じながら活動することができる集団になっている。
カ	Ⅰ ✓	□学級の中で，お互いのよさを交流できる集団になっている。
	Ⅱ	□学級の中で，お互いのよさを認め合いながら交流できる集団になっている。
	Ⅲ	□学級の中で，お互いのよさを認め合いながら，自由な意見交換ができる集団になっている。

学習指導要領解説〈特別活動〉より

	望ましい集団活動の条件
ア	活動の目標を全員でつくり，その目標について全員が共通の理解をもっていること。
イ	活動の目標を達成するための方法や手段などを全員で考え，話し合い，それを協力して実践できること。
ウ	一人一人が役割を分担し，その役割を全員が共通に理解し，自分の役割や責任を果たすとともに，活動の目標について振り返り，生かすことができること。
エ	一人一人の自発的な思いが尊重され，互いの心理的な結び付きが強いこと。
オ	成員相互の間に所属感や所属意識，連帯感や連帯意識があること。
カ	集団の中で，互いの良さを認め合うことができ，自由な意見交換や相互の関係が助長されるようになっていること。

Ⅰ……低学年
Ⅱ……中学年
Ⅲ……高学年

を目安としているが，学級の実態によってはこの目安のとおりにならない場合もあり，区切りにこだわらず，適切に実態をとらえ，評価していくことが望ましい。

（4）評価方法と活用（授業改善に生かす）

　学級集会の活動は，活動を通してどんな力をつけさせたいか，どんな集団の姿をねらうかを明確にして指導にあたることが大切である。そのため，集団の現在の状況を適切に評価し，子どものめあてにつなげていくことができるように，チェックシートを活用する。このチェックシートは学習指導要領の解説に準じて作成した。「活動の評価」と「集団の評価」に分かれ，活動づくりと集団づくりの両面から迫ることができるようにしている。さらに，低学年・中学年・高学年の発達段階を目安としているが，指導にあたっては学級の実態をとらえ，弾力的に構成できるようにしていくことで，授業改善につなげていくことができる。

杉田　洋 教科調査官による ワンポイントアドバイス

　観察法の問題の一つは，その教師の主観的な見方が強く反映されて個人差が大きくなることである。そこで，本例のようにチェックリストを学校として作成し，すべての教師が同じ視点で児童生徒の活動状況を見取れるようにすることが考えられる。その際，発達の段階への配慮，実際に教師がチェックし合って個人差がでないようにするなどに留意する必要がある。集団の評価についても，積極的なチェックシートの活用が期待される。

モデル授業Ⅲ

第4学年 児童の活動記録を参考にして行う評価

「地震から身を守る」「避難訓練」

橋谷　由紀　川崎市教育委員会

1　第4学年　学級活動(2)「地震から身を守る」

(1) 評価規準と目指す子どもの姿

集団活動や生活への 関心・意欲・態度	集団の一員としての 思考・判断・実践	集団活動や生活についての 知識・理解
自己の生活上の問題に関心をもち，意欲的に日常の生活や学習に取り組もうとしている。	楽しい学級生活をつくるために，日常の生活や学習の課題について話し合い，自分に合ったよりよい解決方法などについて考え，判断し，実践している。	楽しい学級生活をつくることの大切さ，そのためのよりよい生活や学習の仕方などについて理解している。

○十分満足できる活動の状況

　地震のこわさを知り，自分の問題としてとらえることができる。地震について，安全な生活のために課題となっていることに気付いている。日常生活で具体的に実践すべきことを考えることができる。危険を予測し，日常生活を安全に保つために必要な事柄を理解し，自他の命を守ろうとしている。

○課題のある状況

　地震を自分ごととしてとらえられない。地震について備えることが，自他の命を守ることになることに気付くことができない。危険を回避するためにどうすればよいかを，具体的に考えることができない。

(2) 活動の流れと評価

	活　動	評　価
事　前	過去のニュースの映像を見て，どんなことが起こったか振り返らせる。	地震でどんなことが起きるかを知る。 （知識・理解）
本　時	地震のとき，どんなことが起きるか，どこが危険かを予測し，どのような行動をしたらよいかを考える。	地震が起きたとき，日常生活の中で具体的に何ができるかを考えることができる。 （思考・判断・実践）
事　後	話し合ったことを実際に行う。 （避難訓練）	危険を回避し，安全に行動することができる。 （思考・判断・実践）

(3) 活動記録の例

地震から身を守る
4年　組　名前（　　　　　　）

1. 地震がおきたら、どんなことが起こるでしょう。

危険から、身をまもるために、どうしたらいいかを考えましょう。

場所	起きること	身をまもる方法
校舎内	物が落ちる	机の下にかくれる
	窓がわれる	窓からはなれる
	電とうがわれる	机の下にかくれる
	物がたおれる	頭をまもる
	火事になる	外ににげる
校庭	木がたおれる	木からはなれる
	ガラスが落ちてくる	校舎からはなれる
通学路	へいがたおれる	へいからはなれる
	電ちゅうがたおれる	電ちゅうからはなれる
	信号がこわれる	よく見てわたる

2. 今日の学習を通して、思ったことを書きましょう。

> 地しんがおきたら、ものがおちたり、たおれたりするので、こわい。火事やつなみになることもある。たおれたり、おちてきたりするものからすばやくはなれて頭をまもる。

3. 今日の勉強で「これからこうしよう！」と思ったことを書きましょう。

> 地しんは、いつおきるかわからないので、どこでおきても、あわてないで行動しようと思います。家ぞくにも今日の勉強のことを話して、物が落ちたりたおれたりしないくふうをしたいです。

> 地震のときに、場面ごとに、何が起きるか、身を守るためにどうすべきかを考えて記入する。
> この児童の場合、具体的に記入できているので、十分満足できる状況といえる。

> 今日の授業を通して、友達の意見や、先生の話を聞き、わかったことや実行しようと思ったことを記述する。この児童の場合、自分たちの日常生活でも生かそうとしているので、十分満足できる状況であるといえる。
> 自分たちの生活の課題に気付くとさらに良い。

(4) 評価方法と活用（授業改善に生かす）

　活動記録によって評価する場合、文章の記述の巧拙によってではなく、ねらいに合わせて見取ることが重要である。授業改善のためには、事前のアンケートなどを参考にして、題材を自分自身の課題としてとらえることができているかを見る。できていない場合は、気付いたことを出し合ったり、体験と結びつけて考えさせたりするなどの工夫が考えられる。また、ふだんの生活を見直し、改善したい点を見付けられるようにしておくことも必要である。

　授業の終末には、ねらいや自分に合った目標がたてられているかを見る。この題材の場合には学校生活だけではなく、家庭生活の中でのことについても実践しようとしているかも大切にしたい。それが記述できている児童を取り上げて賞賛することにより、他の児童の視野を広げるとともに実践意欲を高める。できていない児童には、個別に具体的な目標がもてるように指導をする。この学習は学校行事の「避難訓練」や道徳の「生命尊重」の授業に生かすことができる。

❷ 第4学年　学校行事「避難訓練」

（1）評価規準と目指す子どもの姿

集団活動や生活への 関心・意欲・態度	集団の一員としての 思考・判断・実践	集団活動や生活についての 知識・理解
心身の健全な発達や健康の保持増進，運動などに関心をもち，積極的に健康安全・体育的行事に取り組もうとしている。	学校や学年の一員としての自覚をもち，自己の健康や安全，規律ある集団行動などについて考え，判断し，実践している。	健康安全・体育的行事の意義や，心身の健全な発達，安全な生活，体力向上の方法などについて理解している。

○十分満足できる状況

　　避難訓練の意義や目的を理解して，積極的に取り組んでいる。地震が起きたときに身を守るための方法を考えている。地震が起きたときに落ち着いて行動する心構えをもつことができている。周りの状況を見て，危険を回避する行動をとることができている。避難経路や，避難場所を知り，約束を守って安全に避難しようとしている。何をしたらよいかを考え，約束を守って落ち着いて行動できている。自分や他の生命を守るために，真剣に訓練に取り組んでいる。

○課題のある状況

　　避難訓練の意義や目的を理解していない。真剣に避難訓練に取り組めていない。身の回りの状況を見て，行動することができていない。

（2）活動の流れと評価

	活　　動	評　　価
事　前	地震のとき，どんなことが起きるか，どこが危険か，どのような行動をしたらよいかを考える。	地震が起きたとき，日常生活の中で具体的に何ができるかを考えることができる。 （思考・判断・実践）
本　時	学校の防災安全計画に沿って，避難訓練を行う。	避難訓練の意義や目的を理解している。 （知識・理解） 危険を回避し，安全に行動できる。 （思考・判断・実践）
事　後	避難訓練を振り返り，地震に備えて自分たちができることを考える。	進んで振り返り，避難訓練の大切さや望ましい訓練の仕方についてまとめることができる。 （知識・理解）

（3）活動記録の例

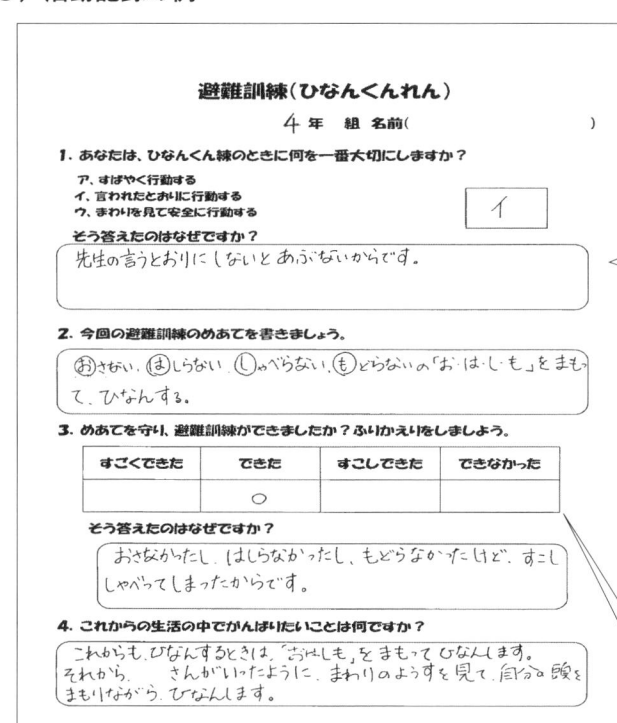

活動記録カード（児童記入例）：

避難訓練（ひなんくんれん）
4年　組　名前（　　　　　）

1. あなたは、ひなんくん練のときに何を一番大切にしますか？
   ア．すばやく行動する
   イ．言われたとおりに行動する
   ウ．まわりを見て安全に行動する
   　　　　　　　　　　　　　　　　→ イ
   そう答えたのはなぜですか？
   「先生の言うとおりにしないとあぶないからです。」

2. 今回の避難訓練のめあてを書きましょう。
   「おさない、はしらない、しゃべらない、もどらないの『お・は・し・も』をまもって、ひなんする。」

3. めあてを守り、避難訓練ができましたか？ふりかえりをしましょう。

すごくできた	できた	すこしできた	できなかった
	○		

   そう答えたのはなぜですか？
   「おさなかったし、はしらなかったし、もどらなかったけど、すこししゃべってしまったからです。」

4. これからの生活の中でがんばりたいことは何ですか？
   「これからも、ひなんするときは、『おはしも』をまもってひなんします。それから、○○さんがいたように、まわりのようすを見て、自分の頭をまもりながら、ひなんします。」

（右側注記）
「知識・理解」について避難訓練の意義やねらいについて理解しているかを、どれを選択しているかで見る。どの選択肢も大事なポイントだが、ウ以外を選択した児童は、十分満足できる状況とはいえない。言われたとおりだけではなく、自分で周りの状況を考え、自分の命は自分で守ろうとするという態度が大切だからである。

学年に応じて、振り返りを行う。そのように評価した理由も書かせるとよい。

（4）評価方法と活用（授業改善に生かす）

　学校行事に取り組む際には、児童が適切なめあてをもつことができるように、避難訓練の意義や、学校としてのねらいを、児童にわかりやすい言葉で話をしておく必要がある。その理解の状況を活動記録から、「知識・理解」として見とる。「思考・判断・実践」については、活動の様子を観察するとともに、自己評価カードを参考にし、自分の身を守るために何をしたらいいのか、何ができるのかを考え、行動していたかを評価する。自己評価の低い児童には相互評価や教師からのコメントでよいところを認め、今後の活動の意欲を高める。

杉田　洋教科調査官によるワンポイントアドバイス

　東日本大震災の悲劇的な災害を踏まえ、いっそう、特別活動における防災教育の充実が欠かせない。本事例は、学級活動(2)の指導と学校行事の避難訓練を効果的に関連させた取組み例である。地域の実態や発達の段階に即し、生活安全や交通安全、防犯などの課題と関連させることも考えられる。特別活動で大切なことは、自分の安全は自分で守ろうとする自主的、実践的な態度を育てることである。子どもの活動記録と教師の観察の結果を重ね合わせながら評価し指導に生かしていくようにしたい。

編集者と担当箇所

水戸部修治	文部科学省初等中等教育局教育課程課教科調査官，国立教育政策研究所教育課程研究センター教育課程調査官	（第1章　国語）
澤井　陽介	文部科学省初等中等教育局教育課程課教科調査官，国立教育政策研究所教育課程研究センター教育課程調査官	（第2章　社会）
笠井　健一	文部科学省初等中等教育局教育課程課教科調査官，国立教育政策研究所教育課程研究センター教育課程調査官	（第3章　算数）
村山　哲哉	文部科学省初等中等教育局教育課程課教科調査官，国立教育政策研究所教育課程研究センター教育課程調査官	（第4章　理科）
直山木綿子	文部科学省初等中等教育局教育課程課・国際教育課外国語教育推進室教科調査官，国立教育政策研究所教育課程研究センター教育課程調査官	（第5章　外国語活動）
杉田　洋	文部科学省初等中等教育局教育課程課教科調査官，国立教育政策研究所教育課程研究センター教育課程調査官	（第6章　特別活動）

モデル授業執筆者と執筆箇所

加藤　由香	京都市立錦林小学校教諭	（第1章モデル授業Ⅰ）
髙橋　亮子	北九州市立折尾西小学校教諭	（第1章モデル授業Ⅱ）
瀧川　文子	横浜市立並木中央小学校教諭	（第1章モデル授業Ⅲ）
平川　公明	つがる市立柏小学校教諭	（第2章モデル授業Ⅰ）
牧野　宜英	札幌市立手稲宮丘小学校教諭	（第2章モデル授業Ⅱ）
坂田　大輔	徳島大学准教授	（第2章モデル授業Ⅲ）
中村　敦子	さいたま市立針ヶ谷小学校教諭	（第3章モデル授業Ⅰ）
鈴木　京子	高萩市立東小学校教諭	（第3章モデル授業Ⅱ）
椎名美穂子	潟上市立天王小学校教諭，秋田県算数・数学科教育専門監	（第3章モデル授業Ⅲ）
杉野さち子	札幌市立山の手小学校教諭	（第4章モデル授業Ⅰ）
牧野　理恵	札幌市立二条小学校教諭	（第4章モデル授業Ⅱ）
成田　恵	旭川市立緑新小学校教諭	（第4章モデル授業Ⅲ）
堀川　桂子	南砺市立福野小学校教諭	（第5章モデル授業Ⅰ）
平良　優	宮古島市立南小学校教諭	（第5章モデル授業Ⅱ）
平松　理恵	三原市立西小学校教諭	（第5章モデル授業Ⅲ）
安部　恭子	さいたま市教育委員会主任指導主事兼係長	（第6章モデル授業Ⅰ）
井田　敦	札幌市立もみじの森小学校教諭	（第6章モデル授業Ⅱ）
橋谷　由紀	川崎市教育委員会学校教育部幸区・教育担当担当課長	（第6章モデル授業Ⅲ）

以上，執筆順。2012年6月現在。

本書の「教科調査官が求める授業」は、国語は月刊誌「指導と評価」2011年3月号、社会は同2011年6月号、算数は同2011年8月号、理科は同2011年11月号、外国語活動は同2012年2月号の「新学習指導要領で教科調査官が求める授業」を一部元にして、新しく書き起こしました。

教科調査官が語る これからの授業 小学校
言語活動を生かし「思考力・判断力・表現力」を育む授業とは

2012年8月20日　初版第1刷発行　[検印省略]
2014年4月20日　初版第3刷発行

編集者　水戸部修治, 澤井陽介, 笠井健一　ⓒ
　　　　村山哲哉, 直山木綿子, 杉田　洋

発行者　福富　泉

発行所　株式会社　図書文化社
　　　　〒112-0012　東京都文京区大塚1-4-15
　　　　Tel. 03-3943-2511　Fax. 03-3943-2519
　　　　振替　00160-7-67697
　　　　http://www.toshobunka.co.jp/

組版・装幀・印刷所　株式会社　加藤文明社印刷所
製本所　株式会社　村上製本所

JCOPY 〈(社)出版者著作権管理機構 委託出版物〉
本書の無断複写は著作権法上での例外を除き禁じられています。
複写される場合は、そのつど事前に、(社)出版者著作権管理機構
（電話 03-3513-6969, FAX 03-3513-6979, e-mail: info@jcopy.or.jp)
の許諾を得てください。

乱丁・落丁本の場合はお取り替えいたします。
定価はカバーに表示してあります。
ISBN978-4-8100-2616-0 C3037

これからの授業と評価のために

小学校理科 事例でわかる！ 子どもの科学的な思考・表現
全学年全単元の事例に，村山教科調査官のコメント解説付き！
村山哲哉編集　B5判　本体 2,400 円＋税

よりよい人間関係を築く特別活動
「人の中で人を育てる」特活で，生き方を育てるための熱いメッセージ
杉田洋著　四六判　本体 1,800 円＋税

観点別学習状況の　評価規準と判定基準
北尾倫彦監修　山森光陽・鈴木秀幸全体編集
B5判　小学校全 9 巻　セット価 19,000 円＋税

- **国語**　田中洋一編　本体 2,400 円＋税
- **社会**　片上宗二編　本体 2,200 円＋税
- **算数**　白井一之・長谷豊・渡辺秀貴編　本体 2,400 円＋税
- **理科**　村山哲哉・森田和良編　本体 2,200 円＋税
- **生活**　清水一豊編　本体 1,600 円＋税
- **音楽**　金本正武編　本体 2,200 円＋税
- **図工**　阿部宏行編　本体 2,200 円＋税
- **家庭**　内野紀子編　本体 1,600 円＋税
- **体育**　髙橋健夫編　本体 2,200 円＋税

「言語力」を育てる授業づくり　小学校
新学習指導要領で求められる確かな学力の基盤。その考え方と授業例。
梶田叡一・甲斐睦朗編　A5判　本体 2,200 円＋税

「活用力」を育てる授業の考え方と実践
「習得－活用－探究」の学習サイクルを視野に入れた授業づくりの考え方と実践例。
安彦忠彦編　A5判　本体 1,600 円＋税

小学校　古典指導の基礎・基本
古典に関する知識が満載，味わいと楽しさを伝える授業のために。
田中洋一著　B5判　本体 1,800 円＋税

図書文化

※定価には別途消費税がかかります